今夜中午

傅浩译文自选集

傅浩 译著

中国出版集团
中译出版社

丛书编辑说明

"我和我的翻译"系列丛书由罗选民教授担任主编,第一辑遴选了12位当代中国有影响力的翻译家,以自选集的方式,收录其代表译著篇目或选段,涵盖小说、散文、诗歌等多种体裁,涉及英、德、法、日、西、俄等多个语种,集中展示了当代翻译家群体的译著成果。

丛书篇目及选段大多是翻译家已出版的经典作品,长期受到读者的喜爱和追捧。每本书的译者不仅是知名翻译家,还是高校教授翻译、文学课程的名师,对译文的把握、注释、点评精辟到位。因此,这套丛书不仅具有一定的文学价值,同样具有较高的收藏价值和研究价值,是翻译研究的宝贵历史语料,也可作为外语学习者研习翻译的资料使用,更值得文学爱好者品读、体会。

书稿根据译者亲自校订的最后版本排印,经过了精心的编辑,主要包括以下几方面的处理:

一、译者及篇目信息

1. 丛书的每个分册各集中展示一位翻译家的译著面貌,文前增添翻译家自序,由译者本人对自己的翻译理念、自选作品的背景和脉络等进行总体介绍。

2. 每篇文章都注明了出处，读者可依据兴趣溯源阅读。

3. 根据各位翻译家对篇目的编排，章前或作品前增添导读，由译者自拟，解析原著内容和写作特色，帮助读者更深入、全面地理解文本。

4. 书后附译著版本目录，方便读者查找对照、进行延伸阅读。

二、译文注释与修改

1. 在译文必要的位置增加脚注，对一些陌生的表述，如人名、地名、书名等做了必要的注释，有助于读者理解术语的文化背景及历史渊源。

2. 遵照各位翻译家的意愿，书中有的拼写仍然保留了古英语的写法和格式，原汁原味。

3. 诗歌部分，考虑其翻译的特殊性，可探讨空间较大，并且具有英文阅读能力的读者较多，特将原文为英文的诗歌，以中英双语形式呈现。

由于编辑水平有限，书稿中肯定还存在一些不足之处，望各位读者批评指正。

丛书总序

百年征程育华章　薪火相传谱新曲

翻译是文化之托命者。翻译盛，其文化盛，如连绵数千年的中华文明；翻译衰，则其文化衰，如早已隔世、销声匿迹的墨西哥玛雅文化、印度佛教文化。文化传承，犹如薪火相传；静止、封闭的文化，犹如一潭死水，以枯竭告终。

翻译是思想的融通、心智的默契、语言的传神。化腐朽为神奇是翻译的文学性体现，化作利器来改造社会与文化乃是翻译的社会性体现。前者主要关注人性陶冶和慰藉人生，个性飞扬，神采怡然；后者主要关注社会变革和教化人伦，语言达旨，表述严谨。在清末的两类译者中，代表性人物是林纾和严复。林纾与他人合作翻译了180余部西洋小说，其中不少为世界名著，尤其译著《茶花女》赢得严复如下称赞："孤山处士音琅琅，皂袍演说常登堂。可怜一卷茶花女，断尽支那荡子肠。"[1] 严复则翻译了大量西方的社会学、政治学、经济学、法学、哲学等方面的著作，是中国近代重要的思想启蒙家，其译著《天演论》影响尤为深远。该书前言中提出的"信、达、雅"翻译标准对后世影响

---

[1] 严复，《甲辰出都呈同里诸公》。

很大。严复本人也因此被誉为中国近代史上向西方国家寻找真理的"先进的中国人"之一。

此后百余年,我国出现了一大批优秀文学翻译家,如鲁迅、朱生豪、傅雷、梁实秋、罗念生、季羡林、孙大雨、卞之琳、查良铮、杨绛等。他们的翻译作品影响了一个时代,影响了一批中国现当代文学家,有力地推动了中国现当代文学的创新与发展。

余光中先生有一段关于译者的描述:"译者未必有学者的权威,或是作家的声誉,但其影响未必较小,甚或更大。译者日与伟大的心灵为伍,见贤思齐,当其意会笔到,每能超凡入圣,成为神之巫师,天才之代言人。此乃寂寞译者独享之特权。"[1] 我以为,这是对译者最客观、最慷慨的赞许,尽管今天像余先生笔下的那类译者已不多见。

有人描述过今天翻译界的现状:能做翻译的人不做翻译,不做翻译的人在做翻译研究。这个说法不全对,但确实也是一个存在的现象。我们只要翻阅一些已出版的译书就不难发现词不达意、曲解原文的现象。这是翻译界的一个怪圈,是一种不健康的翻译生态现象。

作为学者、译者、出版者,我们无法做到很多,但塑造翻译经典、提倡阅读翻译经典是我们应该可以做到的事情,这是我们编辑这套丛书的初衷。编辑这套丛书也受到了漓江出版社的启发。该社曾开发"当代著名翻译家精品丛书",出了一辑就停止了,实为遗憾。

本丛书遴选了12位当代有影响力的翻译家,以自选集的形式,收录译文、译著片段,集中反映了当代翻译家所取得的成绩。收录译文

---

[1] 余光中,《余光中谈翻译》,中国对外翻译出版公司,2002。

基本上是外译中，目前，外国语种包括英语、俄语、法语、德语、西班牙语、日语。每本书均有丛书总序、译者自序，每部分前有译者按语或导读。译丛尤其推崇首译佳作。本次入选的译本丛书可以视为当代知名翻译家群体成果的集中展示，是一种难得的文化记忆，可供文学和翻译爱好者欣赏与学习。

如今，适逢中国面临百年未有之大变局之际，中译出版社的领导高度重视，支持出版"我和我的翻译"丛书，可以视为翻译出版的薪火相传，以精选译文为依托，讲述中国翻译的故事，推动优秀文化的世界传播！

罗选民

2021 年 7 月 1 日于广西大学镜湖斋

译者自序

一

我从三岁左右识字起就喜欢阅读，可以说无字纸不读。小时候书很难得，古旧书都被视为封、资、修"毒草"，听说谁家里有一本破书都会想方设法悄悄借来读，书读得颇杂，因为没有选择的余地。小学毕业前，我将繁体字竖排本四大名著都读了，且能复述大概；古诗词曲戏文民间故事也读了不少，已开始仿作文言诗词曲文。当然，我也读了大量无产阶级革命文艺作品和苏联小说。外语起步比现在的孩子晚，初中二年级才开始从 ABC 学起。好在高中一年级时，家严为我请了一位私教，为我系统完整地讲授了英语语法。此后不久，我读了钱歌川的《翻译的技巧》，就开始尝试翻译。最初翻译的是泰戈尔的英语散文诗，同时也把喜欢的古诗词翻译成英语。把自己喜欢的文字变成另一种文字，在我觉得实在是一种不亚于创作的乐事。另外，我还试着用英语创作一些幼稚的短诗文。

1981 年高考，报考外语专业的可以兼报文科，反之不行。我本来想学中文，但既然可以兼报，就不妨考外语兼报中文；另一方面也考虑到中文已有些基础,可以继续自修;外语若欲深造,则需专门训练。所以,我填报的第一志愿是北京大学西方语言文学系,兼报中国语言文学系。结果,我以陕西省外语第四、文科第二的成绩被北大西语系录取,就读英语语言文学专业。入学后,在专业学习之外,我一如既往地乱读书,但较以前更有系统性。最大的不同是,当时我可以大量阅读英语书了。我着重梳理北大图书馆文学类图书目录,从中搜拣感兴趣的汉语和英语书来读。不久,我在系学生刊物《缪斯》上发表了一组高中时代翻译的泰戈尔诗集《失群之鸟》中的短诗,从此在同学中间小有诗名。有几位爱好写诗的同学因此来找我;我们时常一同切磋诗艺,交流作品。然而,那时我就深感创作受限,自己的作品不合时宜,必难见容于当世,于是决定先在文学翻译方面有所成就,因为翻译相对来说较安全些。

上大二那年,我写出了第一篇学术论文《论卡明斯的诗歌实验》,得到系主任李赋宁先生和资深教授赵萝蕤先生的肯定,获本系学生"五四"科学论文一等奖,从此在老师中间小有文名。此时我已立志以外国文学研究为终生事业,并选定叶芝为现代英语诗歌的研究起点。翌年,我作为唯一的学生代表在本系教职工"五四"科学研讨会上宣读了论文《浅论叶芝》,受到好评。我又把同期完成的《叶芝诗选》部分译稿分呈杨周翰、赵萝蕤和李赋宁先生讨教。杨先生的批语"太典雅"可谓中肯,令我意识到译文的风格不应以卖弄辞藻为贵,而应以"天然去雕饰"为尚。赵先生后来面授的经验之谈"我主张直译"可谓异曲同工,对我震动更大。此前我译诗受郭沫若"统摄原意,另铸新辞"之说影响,追求像埃兹拉·庞德那样的创造性意译,甚至以能把泰戈尔的诗译成词曲体而自得。此后译风为之一变,开始讲究字字有着落了。李先生则把我的译文推荐给《国外文学》季刊,以《叶芝早期诗五首》为题发表于 1985 年第 1 期。这是我第一次正式发表文字作品,对我的鼓励可谓巨大。叶芝的语言风格也经历了从华丽典雅到自然素朴的转变,我的早期风格译他的早期诗作也许还不算离谱。后来,李先生又把我的译文推荐给北京外国语学院的王佐良先生。王先生在他编选的《英国诗选》(1988)中采用了我译的五首叶芝诗,这对我是奖掖也是认可。然而,当我把全部译稿试投给西安的一家出版社时,编辑们全都懵然不知叶芝为何许人,当然更不会信任一个大三学生的眼光和译笔了。直到十年之后,北京有家出版社打算出叶芝诗全集,欲邀请赵先生翻译,赵先生转而推荐了我,我才有机会在旧译基础上增补出版了《叶芝抒情诗全集》(1994)。由于原本没想到译全集,出版社又限时,勉强译就自然不免错误百出。此后,一有机会再版或出选本,我就要逐字逐句对照原文修订一遍,以为补救,迄今已修订了将近十遍,也不敢说庶几无过了。

如果按完成先后算,我的第一部译著应该是《失群之鸟》,这本诗集完成于 1980 年,但在整整四十年后才得以出版。第一部应约翻译的诗学入门著作《诗歌解剖》是在读研究生期间完成的,但因故六年后,即 1992 年才出版。而另一部应约之译《英国抒情诗》(包括撰写解析文字)是在 1990 年参加工作后第二年完成的,却早半年问世,成了我实际出版的第一部译著。然而,我做翻译始终都处于一种业余自学状态,纯粹出于爱好。在大学期间,我尽管读的是英语专业,但翻译课却一直没有好好上过。据说原来教翻译的老师出国不归,没人教了。到了四年级，系里聘请了一位专研翻译学的外校老师来教，结果没几天就被我们这班不懂尊师之道的"熊孩子"给气跑了。系里没办法，只好找了一位硕士研究生来代课，期末举办了一次由尤金·奈达赞助的翻译比赛，我得了第一名，就算结课了。本科毕业后，我被保送上了本系的研究生班。起初依旧没人教翻译，后来从外校借调来许渊冲先生给我们开课，主要讲他拿手的汉诗英译。许先生在翻译实践方面确有过人之处，但他的理论及某些做法我不敢苟同。读研期间，我参加了《文化译丛》杂志主办的翻译竞赛，得了三等奖。

由于高考前不专攻外语，家中又无录音机，我英语听说能力较差，大学一二年级基础课成绩欠佳，所以系里选拔出国进修生时虽考虑到我的研究能力，但最终没我的份。赵先生对我的汉语赞赏有加，但对我的英语尚不满意（尽管到了三四年级，我的专业课成绩已名列前茅），因此她无意接纳我为博士研究生，转而把我推荐给中国社会科学院外国文学研究所的袁可嘉先生，理由是我对现代英语诗歌感兴趣，而这正是袁先生的研究专长。我就是读了袁先生在《外国现代派作品选》（1980）中的七首叶芝诗译文才知道叶芝的。尽管我知道袁先生仍在翻译叶芝，但我们彼此从不讨论叶芝，我选择从最近的大诗人谢默斯·希内、特德·休斯和菲利浦·拉金依次逐代回溯英诗的现代传统。袁先生似乎也对我的研究挺放心，每次作业只给改几个他认为不妥的措辞而已。他的《叶芝抒情诗精选》（1995）问世较晚，其中还采用了我翻译的注文，可是居然有人诬我"借用"了袁先生的译文，其实除了上述七首译诗之外，此前我并未读到过先生的其他叶芝诗译文。

1990年拿到文学博士学位后，我留在外国文学研究所英美文学研究室工作，任助理研究员。一年后，由于我以前一直上学，没有工作经验，不了解国情，就被下放到基层去挂职锻炼，到河北省定兴县教育局当秘书。在此期间，我参加了台湾地区主办的梁实秋文学奖翻译比赛，在全球众多参赛者中间脱颖而出，获得译诗组第二名。后来又参加了两届，也都得了奖。该奖终评是余光中先生，他每次对每一位获奖者的译作都有细致中肯的评点。后来我读到他的译论，亦甚觉佩服。

下放前后，我从英文转译了以色列诗人耶胡达·阿米亥诗选《耶路撒冷之歌》，1993年该作品问世后大受诗歌爱好者欢迎。后来又增订了两版，我还因此书获得了袁可嘉诗歌奖翻译奖。我一般不转译，除非特别喜欢的作品。其后不久，应北京大学外国语学院"英国文学经典名著丛书"编委会之邀，我又翻译了约翰·但恩诗选，出版却迁延到1999年。但恩不在我的研究领域之内，之所以译他，一是因为他对现代英诗有影响，二是因为他有难度，我想挑战一下。后来每每有人把我当作但恩研究权威，我愧不敢当。倒是台湾有位同行毫不客气，对拙译多有指摘，促使我认真修订，于2016年出版了大有改观的第三版。至于网上有读者指出有些基督教术语的译法不符合传教士的旧译，则不足为训了。接下来，我又应乔伊斯文集编委会之约翻译了乔伊斯的全部诗作和一些随笔，出版则迁延得更久，无奈只好于2002年另行出版《乔伊斯诗全集》，又过了十年才最终出版《乔伊斯文集：乔伊斯诗歌·剧作·随笔集》（2012）。乔伊斯不是我喜欢的作家，只因他是爱尔兰人，与我研究的叶芝有关，所以此译属半应酬之译。另一半应酬之译是应朋友之邀翻译的莎士比亚剧作《尤力乌斯·恺撒的悲剧》,我也视之为一次挑战,后来因其新译莎士比亚全集的项目不了了之而未能问世,十五六年后才加入另一类似项目得以出版。纯粹的应酬之译也译过两种:《失落的大陆:拿单·扎赫诗选》(2010)和《斯坦利·摩斯诗选》(2015)。

自主选题也有效果不佳的。2002年,我主动为楚尘文化公司的"20世纪世界诗歌译丛"翻译了《德瑞克·沃尔科特诗选》,翌年即出版了。沃尔科特是我欣赏的诗人之一,但由于对其文化背景了解得不足,译得也颇仓促,结果导致译本中夹有不少硬伤,迄今尚无机会再版修订。这不啻为我译事生涯中的"滑铁卢",是应该牢记不忘的教训。另外,我素来主张译者应专注于"顺译",即从外语译入母语,而不要轻易尝试"逆译",即从母语译入外语,因为诚如叶芝所说,"除了用母语,任何人都无法带着乐感和活力思维写作"。至少,用非母语写作,我还不敢说有把握做到十分地道。所以,我有个未公开的原则,即"逆译"只限于自己的母语作品,因为自己有权用另一种语言再创作,而对他人的作品就没有这种权力。有些诗人想要我把他们的作品译成英语,我都以此为理由婉拒了。然而,也有一次破例。2012年,五洲传播出版社编辑来约请我翻译徐志摩的诗和散文。在她的软磨硬泡之下,我勉强答应了,但主要还是把此译当作一次尝试和挑战来对待的。*A Xu Zhimo Reader* 第二年就出版了,效果如何,要看以英语为母语的读者反馈了。以前曾有美国诗人说我的英语"很烂",我还不服气,后来再回头看2002年出版的汉英双语自作诗集《距离》,才自知其中的英语译文确实很烂,这说明我的英语水平仍在长进。2006年,我参加英国文化协会主办的"地铁上的诗歌"英语诗歌竞赛,获得了最佳诗作奖。前年在一次国际学术会上，有位美国诗人兼出版商听了我关于自译诗的演讲后，特意来找我，表示他很喜欢我的诗，并有意给我出版诗集。我整理了历年的英语诗作交给他，翌年开会再见到他时，他表示仍旧喜欢我的作品，即将予以出版。他的认可给了我些许自信。

以往这些译著可以说都是自选的业余之作，因为我的主要工作是写作学术专著和论文。2010—2014年间，我才正式申请项目，研究威廉·卡洛斯·威廉斯并翻译他的诗作。最终成果是包括466首译诗和四万多字的译序在内的《威廉·卡洛斯·威廉斯诗集》。可谁曾想到，由于出版方编校不当造成初印版中有大量错误，虽重印后得以改正，但错版已流传甚广，不能不算是我译事生涯中的一大憾事。

2009年，我偶然读到译界前辈黄杲炘先生的专著《英诗汉译学》，看到他在书中把我的早期译诗归为"自由化"译法一类，对此我保留意见。窃以为，我也主张模拟原诗形式，与他所谓"诗体移植"并无本质区别，只不过我们处理格律的方式有所不同。后来我在《东方翻译》上发表文章以及在译着《英诗华章》（2015）中，都专门讨论过此问题，这使我对译诗的形式问题有了更清醒的认识，在实践中提高了自觉性，为此我谨向黄杲炘先生致敬。在译法上，我也发展出了更完备的方案，但我不认为自己的译法是唯一或最好的译法，而只是视之犹如诗体形式之一种而已。

我在大学时选修的第二外语是法语，赴爱尔兰访学时学过一学期拉丁语，另外还先后自学过日语、德语、古希伯来语和古希腊语。因为学佛的缘故，我一直想学梵语，但不得其门而入。2010年，我院梵文中心成立，为培养梵语后备人才，公开面向社会招生，由黄宝生、郭良鋆、葛维钧三位老师授课。我乘机加入学习班，经过三年半的强化训练，初步掌握了梵语和巴利语。为了鼓励我，黄老师接纳我加入他主持的国家社科基金梵文课题组，独立做子课题。为了学以致用，不荒废所学，我开始独力研究和翻译古印度艳情诗。在随后的三四年里，我完成了两部梵译汉诗集：《阿摩卢百咏》（2016）和《毗尔诃纳五十咏》（2019）。这两部印度古典诗集都是首次全本译入汉语，译诗形式部分体现了我发明（不敢说"首创"）的"音数—顿数—顿格有序型"译法，问世后受到梵语界同行专家好评。黄老师称拙译堪与他的老师金克木先生的译笔媲美，这可是我不敢当的谬赞，因为在他心目中，金先生是梵译汉当代第一人。《阿摩卢百咏》曾入围鲁迅文学奖翻译奖，但据说因篇幅太单薄而最终未能获奖。

以上是我的学译简史：一些有序的笼统记忆。

二

以下是我的译学陋见：一些无序的零星感想。

在我国，一方面对翻译作品有大量需求，一方面又不够尊重翻译和翻译工作者。在学术上，文学译作往往不算科研成果，不作评定职称的依据；在出版市场，译者的酬劳要远远低于作者的。我们单位有位老同志在20世纪50年代翻译了一本苏联小说，就用稿费买了一套四合院，一时传为佳话，至今为人津津乐道。我生也晚，没赶上好时候，至今虽已出版译著三十多种，稿费所得却连一套单元房也买不起。如是我说别无他意，只意在表明我从事文学翻译纯是出于爱好甚至需要，若单为挣钱，我满可以去翻译别的东西。我的专业是文学研究，文学翻译只能算副业，我自己则视之为业余爱好。然而，诚如西谚所云，"业余爱好才是真正的爱好"，文学翻译给我带来的乐趣要远远大于学术论文写作。我常自觉保持业余译者的心态，只翻译自己喜欢的作品，除非不得已一般不会接受订货。

我常说，我是翻译实践者，不是翻译研究者。犹如作者及其作品是文学研究（文艺学）的对象，译者及其译作则是翻译研究（翻译学）的对象。我对各种哲学性和文化性的抽象理论不感兴趣，而只重视翻译经验谈；对翻译批评持谨慎态度，因为我认为最好的批评者实践水平应高于被批评者，应有能力拿出更好的译文。除非必要，我不轻易批评同行，因为我是运动员，不是裁判员或评论员。诚如鲁迅所说，他不相信"小说法程"之类的东西，我现在也不相信"翻译技巧"之类的东西。我的技巧说来很简单，做到却不容易。我常对学生说："汝果欲学译，功夫在译外。"翻译不用特意学，只要你能用两种语言的各种文体熟练写作，自然就会翻译了。再找已有的多种译本对比原文和自己的习作来揣摩，自会有得，即可入手。这就像学写作或学画画，与其研读理论，不如观摩范本来得便捷。一般理论是用来提高认识，开拓思路的，是后行的，不是先行的。真正有用的理论是在实践中提炼出来的方法和方针，属于翻译理论研究的对象而非成果。

翻译犹如画画，初学往往崇尚意译，实际上是为功力不济找借口，这与文人画多写意是同样道理。随着功力增长，描摹愈来愈工细，自然就愈接近直译了。所谓直译，借用柯尔律治的话来说，就是"以最佳语序排列的最佳词语"。具体来说，即以句子为单位，语序符合译入语习惯，同时较诸原文，字字有着落，不增不减，语气相似，文体相当。检测功力的一个指标是词典。初学用双语词典（或叫翻译词典），例如英汉词典；进而用双解词典；最后用单语词典，即英英词典。抱一本双语词典干活不能叫翻译，只能叫搬运，因为其中的单词是词典编纂者翻译的，所谓译者只是把词典的译文照搬到自己的译文中而已。这样的翻译，叫作词典翻译，功劳应该一半属于词典编纂者。能够全程用单语词典做翻译才算是真正的翻译。而具体能用什么词典也是一个指标。翻译20世纪以前的英国文学应该用《牛津英语词典》（OED），20世纪以来的则辅以《新牛津英语词典》和《朗文当代英语词典》；翻译美国文学应该用《第三国际韦氏英语词典》，辅以《牛津美语词典》。这些是顶级配置，其余等而下之，可以不论矣。词典选用不当，许多词义都查不到，怎么可能译得正确呢？养成用单语词典做翻译的习惯可以大幅度提高词义辨析能力，而词义辨析能力是译者功力的一个重要体现，其高低与选词正确率的高低成正比。至于母语，译者掌握的词汇量在一般情况下应该足以不用查词典，词典只是用来印证不确定的措辞的。仅用《现代汉语词典》不够，最好用《汉语大词典》，辅以《辞源》《辞海》。

　　翻译是一门手艺，凡手艺必有技术，也可以达到艺术的高度。技术未必是艺术，而艺术必然包含技术。技术的运用即艺术，所谓"运用之妙，存乎一心"。如前所说，翻译与写作一样，如果能达到文体自觉，可以说就进入艺术境界了，只不过翻译需要达到两种语言的文体自觉，这就是世界上其他地区付给译者的稿酬要倍于作者所得的原因。要熟悉各类文体，除了广泛阅读，多见多识，别无捷径。文体以雅俗论，不以古近论，尽管有些词语会因古旧而显得雅。所以，翻译中的文体对应应该是雅俗等级的相应，而非时代早晚的相应。用"诗经体"译《斯卡布罗集市》是不错的，因为二者文类皆属民歌；译赫西俄德的《工作与时日》则未必对，尽管时代相近。有的译者所谓语感只不过仅指译文的语感而已，而非译文与原文间的文体对应。对两种语言中各类文体掌握不足，就会造成文体不相应。

译者是手艺人，应该保持谦卑的姿态。翻译工作的性质决定了译者永远是第二位的。他是站在发言者身后的那个人。如果他试图站到前面来，就是僭越；如果他试图说他自己的话，就是背叛。他可以用木雕或剪纸的形式逼肖《清明上河图》，但不可以把它临摹成泼墨大写意。他应该是个性格演员，演谁像谁，而不应是个本色演员，演谁都像自己。有的诗人译者把莎士比亚的十四行诗也译成自己惯写的自由诗体；有的学人译者把但丁的《神曲》译成散文体。这不是不可以，但这不是最好的，因为文类不相应，说明译者力有未逮。译者的创造性应该体现在如何逼近，而非远离原文，在于创造贴切的妙译，而非所谓"超越原文"的蛇足，犹如画画写生或临摹，无论形似还是神似，总要以似为能事；不似，只能说明功力不到，再怎么利口逞辩，也无济于事。翻译与创作的根本区别就在于，前者有原文为参照而后者没有。所谓意译一旦超出可识别范围就不再是翻译，而是近乎剽窃的创作了。仿作和改作则是另一回事。埃兹拉·庞德的《震旦集》属于脱离原文对译文润色加工的产物，他所做的相当于古代译场中"润文"者，或现代出版界不懂原文的编辑所做的工作。若奉如此"译品"为圭臬，就会偏离译学正道，因为它不以原文为参照。

译者须另有专业，翻译应居于业余地位，否则会沦为无所不译的翻译匠。而正是这专业决定了译者的翻译领域，例如，法学译者须以法学为专业，医学译者须以医学为专业，文学译者当然须以文学为专业。而即便是以文学为专业的译者，也不是什么样式的文学作品都译得好的。仅以翻译为专业的翻译匠则无论译何种其他专业文献多半会让人觉得不可靠，而且其译作往往有一股说不出的"匠气"，犹如文人画家眼里的某些专业画家的作品那样。

翻译又是涉外文献研究的基本功，是细读的细读，若想换一种语言毫无遗漏地准确转述，非吃透原文原义不可。钱锺书有言："从事文字工作，最容易的是编写大部头书，洋洋洒洒，易掺水分；其次是论文，自应要有新观点、新材料，但若有自己尚未弄懂的问题，尽可按下不表；再其次是注释，字字句句都得追究，万一遇到拦路虎，还可以不注或径作'不详''待考'，一般也是容许的；最难的是翻译，就连一个字都逃不过去了。"此为过来人语。说句玩笑话，钱先生这说的是直译，若是意译，还是绕得过去的。我曾在一次讲座上说："翻译应以直译为常。直译就像直道而行，遇到障碍，就退一步从边上绕过去，若障碍大，就再退一步，总之要贴着边绕，不能跑远了，这就是意译，意译是变。然后还要再回到直道上来，跑远了就不是翻译了。"翻译即换一种语言转述（英语"translate"的本义）。转述有两面：理解和表达。理解了，表达不好，是译入语能力有欠缺；未解或误解了，乱表达，是译出语能力有欠缺；既不解又表达不好，是两者都有欠缺。总之，译出语和译入语能力，如车之两轮，鸟之双翼，要大致相当，若过于悬殊，必然会失衡。尽可能均衡提高两种语言的词汇储备、词义辨析能力、文体意识、写作能力，是译者毕生都需要努力的，而这是无止境的。

翻译是一种遗憾的艺术，作品似乎永远没有完成的时候，好在原文永远在那儿，可以照着不断修改，但也不得不随时接受读者检验。自觉的译者往往能够自行发现自己的错误，欣喜于自我的长进，否则也会欢迎真实中肯的批评。闻过则喜，知过必改，修辞以立诚，这就近乎修行，由技而入道了。

一般来说，手艺人很少公开评论人家的作品，更少谈论自家的技术秘诀。以上所说，不过是些牢骚以及与同道共勉的话。作为手艺人，也许我说得已经太多了，不如还是让作品说话吧。

三

本书内容的选编基于以下几点考量：

优先着眼于译作的翻译质量，其次才是原作在文学意义上的重要性。

选文尽量体现文类、文体和形式的多样性，其次才是内容的可读性。

只选从原文创作所用语言直接翻译的译作，不选经第二种语言转译的译作。

所选译文都经过修改，容或与出处的文字有所出入。

所附原文均为原始版本，所涉早期英语、法语等拼法未经现代化，相当于汉语的繁体字，以求原汁原味。

  最后，依照惯例，我要诚挚感谢清华大学罗选民教授和中译出版社，他们邀约我忝列"我和我的翻译"丛书作者，是对我的工作的认可，但更重要的是，使我有机会对自己四十年从译生涯做一次小结，把自认为还算过得去的成果拿一些出来作为样品接受读者大众的检验和评判。

傅　浩

2020 年 5 月 17-27 日

目/录

丛书编辑说明……………………………………………i

丛书总序…………………………………罗选民 iii

译者自序…………………………………………傅浩 vii

第一辑　英译汉

英国抒情诗廿四首………………………………… 2

叶芝诗四首………………………………………… 70

但恩诗五首………………………………………… 80

乔伊斯诗二首……………………………………… 93

二十世纪英语诗十七首…………………………… 99

沃尔科特诗三首…………………………………… 164

艾略特诗十一首…………………………………… 176

威廉斯诗七首……………………………………… 241

莎士比亚戏剧一出 (选场)………………………… 260

乔伊斯随笔一组…………………………………… 274

叶芝短篇小说一篇·····················292

法雷尔短篇小说一篇···················305

贝茨短篇小说一篇·····················315

第二辑　汉／日译英

唐诗三首·····························322

徐志摩诗三首·························329

徐志摩散文一篇·······················341

日本俳句三句·························354

第三辑　其他语种译汉

《阿摩卢百咏》选 (四颂)···············358

《长老尼偈》选 (四颂)·················361

马希亚尔诗六首·······················363

龙沙诗一首···························366

勒韦尔迪诗四首·······················368

海涅诗二首···························372

日本俳句选 (四十四句)·················375

傅浩著译存目···························**382**

第一辑

英译汉

英国抒情诗廿四首

导读

《英国抒情诗》(花城出版社,1992)是译者发表的第一本正式出版物——一本译诗加注释和解析文字的小册子,包括上自乔叟下至希内的37位诗人的60首诗。后来出版英汉对照增订本,改题为《明亮的星——英诗名篇精选》(哈尔滨出版社,2005),收诗70首。再后来又加增订,改题为《英诗华章》(中央编译出版社,2015),共收古今英国39位诗人的88首诗。以下译诗及注评均选自《英诗华章》一书。

巴拉德[1]

杰弗里·乔叟 Geoffrey Chaucer
（约1340—1400）

押沙龙[2]，遮起你闪亮的金色发丝；
以斯帖[3]，放下你满含的脉脉柔情；
约拿单[4]，收起你洋溢的友好情义；
珀涅罗珀[5]和玛尔西娅·卡托翁[6]，
不要拿你们女人的魅力来竞争；
伊索德和艾莲娜[7]，藏起你们的美色：
我的女神[8]来了，会盖过这一切。

---

1 此诗出自长篇叙事诗《好女人传说》（约1372）的第249—269行。巴拉德是源自法语的一种诗体。一般要有三节，每节行数和每行音节在实际写作中会稍有变动。其特点是：每节末行为一重复的叠句；通篇只用三种韵（至多四种）；通常在正文后附加有一结尾诗节，作为对权贵或恩主的献辞。
2 《希伯来圣经》中大卫王之子，以美仪容著称。因其兄暗嫩奸污妹妹塔玛，杀暗嫩为妹雪耻。
3 波斯王亚哈随鲁之王后，以温婉闻名。因前王后不遵王命被废，以斯贴遂被册立为后。
4 大卫王的朋友，曾把其父扫罗王要杀大卫的消息通知大卫。
5 希腊传说中奥德修斯之妻。其夫远征特洛伊十年，她一直苦等，拒绝了无数求婚者。
6 不详。有人认为是指古罗马政治家马尔库斯·波尔丘斯·（小）卡托（前95—前46）之妻玛尔西娅。她在其夫死后遵从其遗愿嫁给了他的朋友霍尔腾修斯。另有人认为也可能指卡托之女波尔西娅。她嫁给了暗杀恺撒的布鲁图。二者均以谨守妇道为人所称道。
7 伊索德是古爱尔兰传说中一女子，与特里斯坦相恋。特里斯坦战死，伊索德亦悲痛而死。艾莲娜即特洛伊的海伦，因貌美引发长达九年的特洛伊战争。
8 指爱神丘比特之妻阿尔刻提斯。

别让你漂亮的身段显露，拉文[1]；
 还有你，来自罗马城的鲁克丽丝[2]，
为爱情付高昂代价的波里克辛[3]，
 还有那受苦受难的克娄巴特立[4]，
藏起你们的贞操和你们的名誉；
 还有你，为爱情如此痛苦的提斯别[5]：
我的女神来了，会盖过这一切。

海若[6]、狄多[7]、拉俄达弥亚[8]之辈，
 还有为你的德莫丰自缢的菲丽丝[9]，
还有因你的行为而出名的卡娜塞[10]，

---

1 拉文尼娅，拉丁国王拉提努斯之女。原许配图尔努斯，后遵照神谕嫁给特洛伊王子埃涅阿斯为次妻。
2 古罗马王国时代一贵族之妻，被末代王子奸污。她告知丈夫其事后，自刎而死。
3 特洛伊王普里阿摩之女，为阿基里斯所追求。阿基里斯死后，她在其坟前殉死。
4 埃及女王，曾先后与罗马执政官尤利乌斯·恺撒和马克·安东尼相恋，二者死后以毒蛇自啮而死。
5 古巴比伦少女，与皮拉姆斯相爱。二人相约在郊外幽会，提斯别先至，却被一狮子吓走。皮拉姆斯后至，见提斯别丢下的被狮子染上血污的面纱，以为情人惨遭狮吻，遂拔剑自杀。提斯别回来见情人已死，亦拾剑自尽。
6 古希腊传说中爱神的女祭司，与利安得相爱。利安得每晚游水过河与她相会，她在塔上擎火炬为他引路。一夜大风吹灭火炬，利安得溺水而死。海若见状坠塔自尽。
7 迦太基女王，与特洛伊王子埃涅阿斯相爱。埃涅阿斯一去不返，她失望自杀。
8 古希腊传说中普罗特希劳斯之妻，得知丈夫在特洛伊之战中阵亡的消息后自杀。
9 菲丽丝是特雷斯国王之女。雅典人德莫丰在参加特洛伊战争后，回雅典途中爱上菲丽丝并娶了她。他回雅典后未能如约返回，菲丽丝因失望而自缢。
10 古希腊传说中伊奥鲁斯之女，与兄弟马卡柔斯乱伦生子，为父亲所迫自杀。

那被伊阿宋引诱的许珀希皮里[1],
别夸耀,也别张扬你们的韵事:
许珀弥斯特[2]和阿里阿涅[3]也别价:
我的女神来了,会盖过这一切。

---

[1] 古希腊传说中勒姆诺斯女王,与阿耳戈英雄伊阿宋相爱。伊阿宋忘却誓约抛弃了她,她遂被本国妇女放逐。
[2] 埃及王达那俄斯之女。达那俄斯与孪生兄弟埃古普托斯争王位,把他的五十个女儿嫁给埃古普托斯的五十个儿子,并命她们在新婚之夜杀死丈夫。许珀弥斯特是其中唯一没有听从父命杀死丈夫的。
[3] 古希腊传说中克里特王弥诺斯之女。雅典英雄忒修斯杀死半人半牛怪弥诺陶洛斯后,她用小线团帮助他逃出迷宫。忒修斯把她带到那克索斯岛,然后抛弃了她。

BALADE

Hyd, Absolon, thy gilt tresses clere;
   Ester, ley thou thy meknesse al adoun;
Hyd, Jonathas, al thy frendly manere;
   Penalopee, and Marcia Catoun,
   Make of your wyfhod no comparisoun;
     Hyde ye your beautes, Isoude and Eleyne.
     My lady cometh, that al this may disteyne.

Thy faire body, lat hit nat appere,
   Lavyne; and thou, Lucresse of Rome toun,
And Polixene, that boghten love so dere,
   And Cleopatre, with al thy passioun,
   Hyde ye your trouthe of love and your renoun;
     And thou, Tisbe, that hast of love swich peyne.
     My lady cometh, that al this may disteyne.

Hero, Dido, Laudomia, alle yfere,
   And Phyllis, hanging for thy Demophoun,
And Canace, espyed by thy chere,
   Ysiphile, betrayed with Jasoun,
   Maketh of your trouthe neyther boost ne soun;
     Nor Ypermistre or Adriane, ye tweyne.
     My lady cometh, that al this may disteyne.

正像猎人在疲惫的追逐之后[1]

正像猎人在疲惫的追逐之后,
  在一个阴凉之处坐下来休憩,
  眼看着猎物从他的面前逃走,
  丢了猎物的猎犬在身边喘息:
在长久追求和徒劳尝试之后,
  我已经疲惫不堪放弃了追猎,
  柔美的鹿儿却从原路转回头,
  想要在近旁的溪边一解焦渴。
在那里她用柔和眼光望着我,
  无意要逃走,只是无惧地静候:
  等我把她捉到手,且半带瑟缩,
  心甘情愿在这里被牢牢捆缚。
看一头野兽如此地难驯不羁,
  竟轻易自迷就擒,真令我惊奇。

---

[1] 此诗选自十四行诗集《爱情小唱》(1595),为其中第 67 首。该诗集共收十四行诗 89 首,据说是写给后来成为诗人第二任妻子的伊丽莎白·波伊尔的。

LYKE AS A HUNTSMAN AFTER WEARY CHACE

Lyke as a huntsman after weary chace,
    Seeing the game from him escapt away,
    Sits downe to rest him in some shady place,
    With panting hounds beguiled of their pray:
So after long pursuit and vaine assay,
    When I all weary had the chace forsooke,
    The gentle deare returnd the selfe-same way,
    Thinking to quench her thirst at the next brooke.
There she beholding me with mylder looke,
    Sought not to fly, but fearelesse still did bide:
    Till I in hand her yet halfe trembling tooke,
    And with her owne goodwill hir fyrmely tyde.
Strange thing me seemed to see a beast so wyld,
    So goodly wonne with her owne will beguyld.

译文一

可否把你比作夏季一天[1]

可否把你比作夏季一天？
你是人更美妙心更美好。
阵风会把五月娇蕾摇撼，
夏季租期也嫌时日太少。
苍天之眼[2]有时照耀过热，
他那金面常被浮云遮蔽；
诸多美物终将失去美色，
由于非命或者自然变易。
但是你的夏天不朽永恒，
你的所有美色毫无损失，
你在不朽诗句之中长生，
死神不会说你受他荫庇，
  只要人会呼吸眼能看清，
  只要此诗存活给你生命。

威廉·莎士比亚 William Shakespeare（1564—1616）

---

1 此诗是莎翁154首十四行诗中的第18首。
2 苍天之眼：指太阳。

译文二

可否把你比作夏季的一日

可否把你比作夏季的一日?
你竟是更加明媚更加温和。
阵风粗暴摇撼五月的娇蕾,
夏季的租期拥有时日无多。
苍天之眼有时照耀得过热,
他那金面常常被浮云遮暗;
各种美物终将褪去了美色,
由于偶然或者是自然变幻。
但是你的夏天将永恒不朽,
你的所有美色也毫无损失,
死神将不会说你受他庇佑,
当你在不朽诗句之中长生,
 只要人会呼吸眼睛能看清,
 只要此诗存活赋予你生命。

SHALL I COMPARE THEE TO A SUMMERS DAY

Shall I compare thee to a Summers day?

Thou art more louely and more temperate:

Rough windes do shake the darling buds of Maie,

And Sommers lease hath all too short a date:

Sometime too hot the eye of heauen shines,

And often is his gold complexion dimm'd,

And euery faire from faire some-time declines,

By chance, or natures changing course vntrim'd:

But thy eternall Sommer shall not fade,

Nor loose possession of that faire thou ow'st,

Nor shall death brag thou wander'st in his shade,

When in eternall lines to time thou grow'st,

   So long as men can breath or eyes can see,

   So long liues this, and this giues life to thee.

罗伯特·赫里克 Robert Herrick（1591—1674）

自挽

相忘于世界，相忘于自我，孑然，
此时此地，我歇在这石碑下面：
在寂静深处，无人听见，和看见。

ON HIMSELFE

Lost to the world; lost to my selfe; alone

Here now I rest under this Marble stone:

In depth of silence, heard, and seene of none.

爱我少些,爱我久些

你说,对于我,你的感情强烈;
求你,爱我少些,会爱我久些。
缓步行远:这法子最好。欲念
变狂躁,不是暴亡,就是厌倦。

LOVE ME LITTLE, LOVE ME LONG

You say, to me-wards your affection's strong;

Pray love me little, so you love me long.

Slowly goes farre: The meane is best: Desire

Grown violent, do's either die, or tire.

乔治·赫伯特 George Herbert（1593—1633）

滑轮[1]

上帝造人的时刻，
旁边立着一只杯盛满祝福，
　"让我尽量向他倾注，"上帝说，
"让这世上散置各处的财富
　浓缩聚集于一握。"

于是力量先出发，
其次美、智慧、荣誉、快乐流出。
　即将倒尽的时候，上帝停下，
审视着留在杯子底部的剩余，
　他那仅有的精华[2]。

"如果我竟然，"他说，
"把这珍宝也赐予我的创造物，
　他就会爱惜赠礼而不敬奉我，
就会依赖造化，而不信造化主；
　双方都将是损失者。

1　选自作者死后出版的诗集《圣殿》，是其中最著名的一首宗教诗。"滑轮"喻居于天国的上帝用以接引人类灵魂上升的手段。
2　当指永生。据《旧约·创世记》第3章第22节，亚当偷吃了禁果之后，上帝说："那人已经与我们相似，能知道善恶，现在恐怕他伸手又摘生命树上的果子吃，就永远活着。"于是把亚当逐出伊甸园。

"就让他有其余财宝,
但拥有又同时抱怨不得休息。[1]
　让他富有而厌倦,这样至少,
若善行不能引导,厌倦也会
　把他抛向我怀抱。"

---

[1] 据《旧约·创世记》第 3 章第 17 节,上帝诅咒亚当说:"你必终身劳苦,才能从地里得吃的。"但诗人此处的意思是,即使他富有,他也还得为保有他的财富而忙碌操心。

THE PULLEY

When God at first made man,
Having a glasse of blessings standing by,
   "Let us," said he, "poure on him all we can.
Let the worlds riches, which dispersed lie,
   Contract into a span."

So strength first made a way;
Then beautie flow'd, then wisdome, honour, pleasure.
   When almost all was out, God made a stay,
Perceiving that, alone of all his treasure,
   Rest in the bottome lay.

"For if I should," said he,
"Bestow this jewell also on my creature,
   He would adore my gifts instead of me,
And rest in Nature, not the God of Nature;
   So both should losers be.

"Yet let him keep the rest,
But keep them with repining restlessnesse.
Let him be rich and wearie, that at least,
If goodnesse lead him not, yet wearinesse
May tosse him to my breast."

约翰·弥尔顿 John Milton（1608—1674）

哀失明[1]

考虑到在这黑暗无边的世界里，
　我一生尚未过半，而光明已耗尽，
　那一锭藏起就等于死亡的白银[2]
　于我已无用，虽然我的心更愿意
用它来为我的主人效劳，并交出
　真实的账目，以免他回来时斥责，
　我愚蠢地发问："上帝让日间劳作，
　却又不赐给光亮？"但"耐心"为止住
这嘀咕，立时就回答："上帝不需求
　人的工作或他自己所赐；谁最能
　承受他温和约束，就效劳得最好。
他至高无上。众天使奉旨令奔走，
　在陆地和海洋之上不休地急行；
　那些仅伫立待命者也是在效劳。"

---

[1] 此诗是弥尔顿十四行诗集中的第 16 首，作于 1652 年，弥尔顿于是年双目完全失明。

[2] 此处有一译文无法表达的双关语，也是一个典故。即"一锭……白银"一词原文为"talent"，此词原指古希腊、亚述等地通用的一种重量和货币单位塔伦特，后又衍生出"才能"之义。《新约·马太福音》第 25 章第 14—30 节讲述了这样一则寓言故事：主人行将出远门，把三个仆人找来，分别给他们若干塔伦特银子，让他们料理家业。主人回来后，对用钱做买卖赢利了的两个仆人大加褒奖，对另一个因怕蚀本而把仅有的一塔伦特银子埋在地下的仆人则予以惩罚，把他"丢在外面的黑暗里"去了。弥尔顿借此说明，有才能的人应该发挥才能，哀叹自己的写作才能因失明而无法施展。

ON HIS BLINDNESS

When I consider how my light is spent
    E're half my days, in this dark world and wide,
    And that one Talent which is death to hide
    Lodg'd with me useless, though my Soul more bent
To serve therewith my Maker, and present
    My true account, lest He returning chide, —
    "Doth God exact day-labour, light deny'd?"
    I fondly ask; —But Patience, to prevent
That murmur, soon replies, "God doth not need
    Either man's work, or His own gifts; who best
    Bear His milde yoak, they serve Him best. His State
Is Kingly; thousands at His bidding speed
    And post o'er Land and Ocean without rest: —
    They also serve who only stand and waite."

亚历山大·蒲柏 Alexander Pope（1688—1744）

隐居颂[1]

那种人幸福啊，愿望和心思
　　系挂着几亩祖传的田产，
满足于呼吸乡土的空气，
　　　　在自己的地面。

牛群供乳汁，庄稼供食粮，
　　他的羊群供给他衣着；
树木为他在夏季遮凉，
　　　　在冬天生火。

有福啊，他能够无忧地觉得
　　时辰、昼夜和岁月流逝，
而身体健康，心意平和，
　　　　白天里闲适，

黑夜里酣眠；学习和安逸
　　一张一弛；怡然的娱乐，
天真的情怀，再加上冥思

---

[1] 又题作《恬静的生活》（"The Quiet Life"）。蒲柏自称此诗是他十二岁时所作。其中无疑套用了古罗马诗人贺拉斯《颂诗二》中"有福的是那远离忧烦之人"等诗句。

最令人快活。

就这样让我活,无人见,无人知;
　　就这样让我死,无人哀哭;
　悄然离世,不需要碑石
　　　　　昭告我长眠处。

ODE ON SOLITUDE

Happy the man, whose wish and care
   A few paternal acres bound,
Content to breathe his native air
      In his own ground.

Whose herds with milk, whose fields with bread,
   Whose flocks supply him with attire;
Whose trees in summer yield him shade,
      In winter fire.

Blest, who can unconcern'dly find
   Hours, days, and years slide soft away
In health of body, peace of mind,
      Quiet by day,

Sound sleep by night; study and ease
   Together mix'd; sweet recreation,
And innocence, which most does please
      With meditation.

Thus let me live, unseen, unknown;

Thus unlamented let me die;
Steal from the world, and not a stone
　　Tell where I lie.

威廉·布雷克 William Blake（1757—1827）

圣星期四（二）[1]

在一个富裕丰产的国度，
眼看婴儿们陷入了惨境，
由那高利贷冷手来喂养，
难道这是桩神圣的事情？

那颤抖的啼哭可是歌声？
那能是一首欢乐的歌曲？
为何会有这么多穷孩子？
因为这是个贫穷的国度！

他们的太阳从来不照耀，
他们的田野荒凉又阴冷，
他们的道路布满了荆棘；
那里是永恒无尽的寒冬。

在哪里真正有太阳照耀，
在哪里真正有雨水洒落，
那里的婴儿才不会挨饿，
贫穷也不会把心灵恫吓。

---

[1] 此诗选自《经验之歌》（1794）。

HOLY THURSDAY [II]

Is this a holy thing to see,
In a rich and fruitful land,
Babes reduced to misery,
Fed with cold and usurous hand?

Is that trembling cry a song?
Can it be a song of joy?
And so many children poor?
It is a land of poverty!

And their sun does never shine,
And their fields are bleak & bare,
And their ways are fill'd with thorns;
It is eternal winter there.

For where-e'er the sun does shine,
And where-e'er the rain does fall,
Babe can never hunger there,
Nor poverty the mind appall.

罗伯特·彭斯 Robert Burns（1759—1796）

一朵红红的玫瑰[1]

我爱人像一朵红红的玫瑰哟，
  六月里刚刚绽开；
我爱人像一支美妙的曲子哟，
  演奏得合调合拍。

你长得漂亮，我可爱的姑娘，
  我把你深深迷恋；
我要永远地爱着你，亲爱的，
  直到海水全变干。

一直到海水全变干，亲爱的，
  石头被太阳晒化：
我要永远爱着你哟，亲爱的，
  只要生命还漏沙。[2]

道一声珍重，我唯一的爱人，
  暂时道一声珍重！
我还会回来的，我的爱人哟，
  哪怕是万里路程！

1　此诗发表于 1796 年。
2　比喻生命如沙漏里的沙子，漏完为止。

A RED RED ROSE

O my luve is like a red, red rose,
    That's newly sprung in June;
O my luve is like the melodie,
    That's sweetly play'd in tune.

As fair art thou, my bonnie lass,
    So deep in luve am I;
And I will luve thee still, my dear,
    Till a' the seas gang dry.

Till a' the seas gang dry, my dear,
    And the rocks melt wi' the sun:
O I will luve thee still, my dear,
    While the sands o' life shall run.

And fare thee weel, my only luve,
    And fare thee weel a while!
And I will come again, my luve,
    Tho' it were ten thousand mile!

哦，假如你在那寒风里[1]

哦，假如你在那寒风里，
　在遥远牧场，在遥远牧场，
用花呢披肩迎愤怒风口，
　我为你遮挡，我为你遮挡。
假如厄运的凄风和苦雨
　围着你怒吼，围着你怒吼，
你的藏身处就是我怀抱，
　任你全占有，任你全占有。

假如我在蛮荒的原野上，
　黑暗又枯寂，黑暗又枯寂，
那荒漠就好似一座乐园，
　有你在那里，有你在那里。
假如我主宰全球的领土，
　与你共享有，与你共享有，
我王冠上头最亮的珍珠
　就是我王后，就是我王后。

1　此诗作于 1796 年，发表于 1800 年。

O, WERT THOU IN THE CAULD BLAST

O, wert thou in the cauld blast
　　On yonder lea, on yonder lea,
My plaidie to the angry airt,
　　I'd shelter thee, I'd shelter thee.
Or did misfortune's bitter storms
　　Around thee blaw, around thee blaw,
Thy bield should be my bosom,
　　To share it a', to share it a'.

Or were I in the wildest waste,
　　Sae black and bare, sae black and bare,
The desert were a paradise,
　　If thou wert there, if thou wert there.
Or were I monarch o' the globe,
　　Wi' thee to reign, wi' thee to reign,
The brightest jewel in my crown
　　Wad be my queen, wad be my queen.

乔治·戈登·拜伦勋爵 George Gorden, Lord Byron（1788—1824）

我俩分手的时节[1]

我俩分手的时节，
　　无语唯有泪，
因为将多年离别，
　　心儿已半碎，
你的脸苍白冰冷，
　　更冷你的吻；
那时候确已注定
　　今日的愁闷。

清晨寒凉的露水
　　落在我额头——
那仿佛是在预示
　　我此时感受。
你的誓言全落空，
　　名誉变轻浮；
听人提起你的名，
　　我也蒙羞辱。

他们当我面说你，

---

[1] 此诗作于1808年，发表于1816年；或说创作和发表均于1815年。待考。

似丧钟传来；
我全身一阵战栗——
　　你曾多可爱！
他们不知我与你
　　彼此太相熟——
久久我为你惋惜，
　　沉痛说不出。

我们曾秘密相会——
　　默然我悲叹：
你的心可以忘记，
　　灵魂可欺骗。
假如多年过去后，
　　我与你相遇，
我将怎样相问候？——
　　有泪但无语。

WHEN WE TWO PARTED

When we two parted
　In silence and tears,
Half broken-hearted
　To sever for years,
Pale grew thy cheek and cold,
　Colder thy kiss;
Truly that hour foretold
　Sorrow to this.

The dew of the morning
　Sunk chill on my brow—
It felt like the warning
　Of what I feel now.
Thy vows are all broken,
　And light is thy fame;
I hear thy name spoken,
　And share in its shame.

They name thee before me,
　A knell to mine ear;
A shudder comes o'er me—

Why wert thou so dear?
They know not I knew thee,
Who knew thee so well—
Long, long I shall rue thee,
Too deeply to tell.

In secret we met—
In silence I grieve,
That thy heart could forget,
Thy spirit deceive.
If I should meet thee
After long years,
How should I greet thee? —
With silence and tears.

那我们就不再浪游[1]

1

那我们就不再浪游
　　这么晚潜入夜色，
尽管说心依然爱慕，
　　月亮也同样皎洁。

2

剑刃把剑鞘会磨蚀，
　　灵魂会撞破胸膛，
心脏须停下来喘息，
　　爱情也需要休养。

3

夜虽说为欢爱造就，
　　白昼归来得太早，
但我们将不再闲游，
　　借着月亮的光照。

---

[1] 此诗作于1817年，发表于1830年。开头两行系借用一首苏格兰歌曲《快活乞丐》（1776）中的词句。

SO WE'LL GO NO MORE A-ROVING

I

So we'll go no more a-roving
  So late into the night,
Though the heart be still as loving,
  And the moon be still as bright.

II

For the sword outwears its sheath,
  And the soul wears out the breast,
And the heart must pause to breathe,
  And Love itself have rest.

III

Though the night was made for loving,
  And the day returns too soon,
Yet we'll go no more a-roving
  By the light of the moon.

珀西・比希・雪莱 Percy Bysshe Shelley（1792—1822）

奥西曼迭斯[1]

我遇见一位来自古国的旅客，
听他说：两条巨大无身的石腿
立在沙漠里……沙子上，它们近侧，
半埋着，躺着一张破脸，皱着眉，
撇着嘴，扇着鼻，冷冷主宰神色，
透露出雕刻匠熟悉这些情绪——
凿在这些无生物上面，比模仿、
养活它们的手和心活得更久；
在那基座上显现出以下文字：
"朕号奥西曼迭斯，乃万王之王：
目睹朕之功业兮，天神亦失气！"[2]
其余都荡然无存。在那堆巨像
残块的废墟四周，无边而空寂，
寂寞的漠漠平沙伸展向远方。

---

1 此诗作于 1817 年，发表于 1818 年 1 月。奥西曼迭斯是古埃及法老拉美西斯二世（前十三世纪）部分王号的希腊语译音，意为"拉神（埃及主神）的正义威力无边"。据说他在底比斯为自己所造陵墓形如狮身人面像，高约十五米。
2 此引文其实是对古希腊历史作家狄奥多鲁斯・西库鲁斯所述铭文的改写。原文大意是：我是万王之王，奥西曼迭斯。假如有谁想知道我有多伟大，葬在何处，就请他超过我的功业。

OZYMANDIAS

I met a traveller from an antique land
Who said: Two vast and trunkless legs of stone
Stand in the desert ... Near them, on the sand,
Half sunk, a shattered visage lies, whose frown,
And wrinkled lip, and sneer of cold command,
Tell that its sculptor well those passions read
Which yet survive, stamped on these lifeless things,
The hand that mocked them, and the heart that fed;
And on the pedestal, these words appear:
"My name is Ozymandias, King of Kings:
Look on my works, ye Mighty, and despair! "
Nothing besides remains. Round the decay
Of that colossal wreck, boundless and bare
The lone and level sands stretch far away.

约翰·济慈 John Keats（1795—1821）

希腊古瓮颂[1]

1

你这永不被玷污的安静的新娘，
　　你这静默和缓慢时光的养女，
山野的说书人，你能够如是演讲
　　比我们的诗更美妙的花哨掌故；
你形体周围环绕着有树叶镶边、
　　关于坦佩或阿卡狄[2]谷地的神祇
　　　或凡人，或兼有二者的何等传说？
　　这些是何等人或神，不情愿的女子？
何等疯狂的追逐，难脱的纠缠？
　　　何等排箫和手鼓，放荡的极乐？

2

听得见的曲子美妙，听不见的曲子
　　更美妙；那么，柔和的排箫，吹下去；
不是对肉体的耳朵，而是更高贵，
　　对精神吹奏没有音调的歌曲。
俊美的青年，在树下，你不会离开

1　此诗作于1819年5月，发表于1820年。瓮（urn）是古希腊人常用的一种大肚小口的容器，用大理石或陶土制成，表面雕刻或绘画有精美的图像，用以盛骨灰或各种液体。
2　坦佩和阿卡狄都是希腊地名，在文学传统中是黄金时代理想田园生活的象征。

你的歌,那些树也永远不会秃光;
　　大胆的恋人,你永远不得亲吻,
尽管接近了目标——但也别悲哀;
她不会消逝,虽然你没有福分;
　　你可以永远爱,而她会永远漂亮!

3

啊,欢欢乐乐的树枝!你不会
　　掉落树叶,也不会与春天道别;
还有,欢乐的乐手,从不疲惫,
　　永远吹奏着永远新鲜的歌;
更多的欢爱!欢欢乐乐的爱!
　　永远温暖,永远有待于享受,
　　　　永远渴望着,而且永远不老;
　　都远离活生生人欲超然物外,
不令人内心高度忧伤和痛楚,
　　　　不令人额头发烫,口干舌燥。

4

这是些什么人来参与祭祀庆祝?
　　神秘的祭司哟,你把那低鸣向天、
两胁丝滑、缀满花环的小母牛
　　将要牵往何等样青绿的祭坛?
河畔或海滨,或依山势而建、
　　带有宁静堡垒的何等样小城

在这虔诚的清晨倾倒出这部族?
小城,你的街道将会永远
变得寂静;没有一个魂灵
能够回来讲述你为何荒芜。

5

阿提刻[1]形体哟!美好的造型!装饰有
大理石浮雕的男子和女子形象,
林间的枝条和踩倒的杂草的构图;
你,静默的形式,像永恒一样
把我们挑逗得出神:冷凝的田园诗!
当老年把我们这一代消损之后,
你将在他人而非我们的伤感下,
依然是人类的朋友,你对人说出:
"美即是真,真即是美"[2]——这就是
你们究竟所知,需知的一切。

---

1 阿提刻:希腊半岛名,雅典所在地,引申为形容词,指雅典风格的,具有古典、优雅、精致、简朴等含义。
2 有些版本在此处没有引号,故对结尾至少有两种不同理解:一种认为末尾两行全都是古瓮对人所说的话,另一种则认为只有引号内的才是古瓮对人所说的话。

ODE ON A GRECIAN URN

I

Thou still unravish'd bride of quietness,
 Thou foster-child of silence and slow time,
Sylvan historian, who canst thus express
 A flowery tale more sweetly than our rhyme:
What leaf-fring'd legend haunts about thy shape
 Of deities or mortals, or of both,
  In Tempe or the dales of Arcady?
What men or gods are these? What maidens loth?
What mad pursuit? What struggle to escape?
  What pipes and timbrels? What wild ecstasy?

II

Heard melodies are sweet, but those unheard
 Are sweeter; therefore, ye soft pipes, play on;
Not to the sensual ear, but, more endear'd,
 Pipe to the spirit ditties of no tone:
Fair youth, beneath the trees, thou canst not leave
 Thy song, nor ever can those trees be bare;
  Bold Lover, never, never canst thou kiss,

Though winning near the goal—yet, do not grieve;
She cannot fade, though thou hast not thy bliss,
    Forever wilt thou love, and she be fair!

III

Ah, happy, happy boughs! that cannot shed
    Your leaves, nor ever bid the Spring adieu;
And, happy melodist, unwearièd,
    Forever piping songs forever new;
More happy love! more happy, happy love!
    Forever warm and still to be enjoy'd,
        For ever panting, and for ever young;
    All breathing human passion far above,
That leaves a heart high-sorrowful and cloy'd,
        A burning forehead, and a parching tongue.

IV

Who are these coming to the sacrifice?
    To what green altar, O mysterious priest,
Lead'st thou that heifer lowing at the skies,
    And all her silken flanks with garlands drest?
What little town by river or sea shore,
    Or mountain-built with peaceful citadel,
        Is emptied of this folk, this pious morn?
And, little town, thy streets forevermore

Will silent be; and not a soul to tell

    Why thou art desolate, can e'er return.

V

O Attic shape! Fair attitude! with brede

    Of marble men and maidens overwrought,

With forest branches and the trodden weed;

    Thou, silent form, dost tease us out of thought

As doth eternity: Cold Pastoral!

    When old age shall this generation waste,

        Thou shalt remain, in midst of other woe

    Than ours, a friend to man, to whom thou say'st,

"Beauty is truth, truth beauty," —that is all

    Ye know on earth, and all ye need to know.

明星[1]

明星啊,但愿我像你一样恒定——
　不是要高悬夜空,孤寂而辉煌,
像自然世界的隐士,不眠,坚忍,
　大睁着永不闭合的眼睛,凝望
涌动的河流忙于教士的工作——
　在地上有人的沿岸巡回施洗,
或注视漫天飘洒的新雪降落,
　像柔软面罩披上山野和沼地——
不——而是要永远地坚定,不移,
　枕着美丽爱人正成熟的酥胸,
永久感受那轻柔的一伏、一起,
　在一种甜蜜不安中永久清醒,
永远、永远倾听她柔和的呼吸,
就这样活下去——否则宁可昏死。

---

1 此诗是在一本莎士比亚诗集的空白页上发现的,一般认为是 1820 年济慈赴意大利疗养途中所作绝笔。但后来经人考证,当写成于 1819 年。1848 年首次发表。"明星"一说指北极星:1818 年在湖区旅游时,济慈曾说荒凉的景色"把人的视觉磨炼成北极星一般,以至能够永不闭合,恒定不移地盯着大造化的奇迹",这一想法后来即发展成这首诗;一说指金星:济慈在 1819 年 7 月 25 日致未婚妻芳妮·布劳恩的信中写道:"今夜我要把你想象成维纳斯,像异教徒那样向你的星祈祷,祈祷,祈祷。"维纳斯是古罗马神话中的爱与美之女神,我国所谓太白金星在西方即以维纳斯命名。

BRIGHT STAR

Bright star, would I were steadfast as thou art—
    Not in lone splendour hung aloft the night
And watching, with eternal lids apart,
    Like nature's patient, sleepless Eremite,
The moving waters at their priestlike task
    Of pure ablution round earth's human shores,
Or gazing on the new soft fallen mask
    Of snow upon the mountains and the moors—
No—yet still steadfast, still unchangeable,
    Pillowed upon my fair love's ripening breast,
To feel forever its soft fall and swell,
    Awake forever in a sweet unrest,
Still, still to hear her tender-taken breath,
And so live ever—or else swoon to death.

罗伯特·布朗宁 Robert Browning（1812—1889）

夜会[1]

1

大海灰暗暗，长陆黑沉沉；
黄色的半月儿大而低悬；
受惊的微波从梦里跳起，
泛着火一样闪亮的涟漪；
我猛冲的船头抵入浅湾，
在稀软沙泥中减速停稳。

2

走一里腥味的温暖海滨；
过三块田地，出现一农庄；
窗上一轻敲，利落的一划，
点燃的火柴蓝色的火花；
一声问，透过欢乐和恐慌，
不及两心紧贴的狂跳声！

---

[1] 此诗作于1845年，与另一首诗《晨别》原为一组，共题为《夜与晨》。

MEETING AT NIGHT

I

The grey sea and the long black land;
And the yellow half-moon large and low;
And the startled little waves that leap
In fiery ringlets from their sleep,
As I gain the cove with pushing prow,
And quench its speed i' the slushy sand.

II

Then a mile of warm sea-scented beach;
Three fields to cross till a farm appears;
A tap at the pane, the quick sharp scratch
And blue spurt of a lighted match,
And a voice less loud, thro' its joys and fears,
Than the two hearts beating each to each!

克里斯蒂娜·乔治娜·罗塞蒂 Christina Georgina Rossetti（1830—1894）

生日

我的心好像是一只唱歌鸟，
　　筑巢在水灵灵的嫩枝丛里；
我的心好像是一棵苹果树，
　　枝丫被密匝匝的果实压低；
我的心好像是一枚虹彩贝，
　　在宁静的大海里悠然嬉水；
我的心比所有这些都欢喜，
　　因为我的爱已来到我这里。

为我布置好铺丝绒的筵席；
　　给上面缀貂皮和紫红彩绦；
给上面雕鸽子和石榴花儿，
　　和长着百只眼睛的孔雀鸟，
给上面镶金银打制的葡萄，
　　还有银白的百合花和叶子；
因为我生命的生日已来到，
　　我的爱已经来到了我这里。

A BIRTHDAY

My heart is like a singing bird
    Whose nest is in a water'd shoot;
My heart is like an apple-tree
    Whose boughs are bent with thick-set fruit;
My heart is like a rainbow shell
    That paddles in a halcyon sea;
My heart is gladder than all these,
    Because my love is come to me.

Raise me a dais of silk and down;
    Hang it with vair and purple dyes;
Carve it in doves and pomegranates,
    And peacocks with a hundred eyes;
Work it in gold and silver grapes,
    In leaves and silver fleurs-de-lys;
Because the birthday of my life
    Is come, my love is come to me.

威廉·亨利·戴维斯 William Henry Davies（1871—1940）

闲暇

这生活如何，若充满忧思，
我们没时间，伫立和凝视。

没时间伫立，在树枝下面
久久地凝视，像牛羊一般。

没时间观看，走过树林时，
松鼠在草中，何处藏果实。

没时间观看，明朗日光中，
溪水盛星星，像夜晚天空。

没时间回顾，美人的明眸，
注视她的脚，舞步多娴熟。

没时间等待，待到她的嘴
给眼角微笑，更添几分媚。

这生活可怜，若充满忧思，
我们没时间，伫立和凝视。

LEISURE

What is this life if, full of care,
We have no time to stand and stare?

No time to stand beneath the boughs
And stare as long as sheep and cows.

No time to see, when woods we pass,
Where squirrels hide their nuts in grass.

No time to see, in broad daylight,
Streams full of stars, like skies at night.

No time to turn at Beauty's glance,
And watch her feet, how they can dance.

No time to wait till her mouth can
Enrich that smile her eyes began.

A poor life this if, full of care,
We have no time to stand and stare.

沃尔特·德拉·梅尔 Walter de la Mare（1873—1956）

倾听者

"里边有人吗？"旅客扬声问，
　　月光下把门扉叩敲；
寂静中他的马大声咀嚼
　　林间空地上的蕨草。
一只鸟自望楼惊起飞出，
　　在旅客头顶上盘旋：
他再次重重擂击那扇门；
　　"里边有人吗？"他高喊。
但无人下楼来迎接旅客；
　　无人从荫翳的窗台
俯身窥视他灰色的双眼，
　　他僵立在下边发呆。
唯有当时在孤宅中寄居，
　　一群充听众的幽魂
在月色静谧中伫立倾听
　　那来自人间的声音：
在淡淡月光里挤满下通
　　空厅的那幽暗楼梯，
细听着，四周是寂寞旅客
　　叫喊声搅动的空气。

他心中感到他们的陌生，
　　他们以静默应答他；
他的马走动着啃食草皮，
　　在星辉叶影天空下；
突然他更响亮擂击大门，
　　并高昂起他的前额——
"告诉他们我来过，没人应，
　　我信守了诺言。"他说。
那些倾听者一动也不动，
　　尽管他说的每个字
落自这唯一不眠人之口，
　　回荡在幽宅阴影里：
噫，他们听见他脚踩马镫，
　　蹄铁在石上的铿锵；
奔驰的马蹄声远逝之后，
　　寂静又轻柔地回涨。

THE LISTENERS

"Is anybody there?" said the Traveller,
    Knocking on the moonlit door;
And his horse in the silence chomped the grasses
    Of the forest's ferny floor.
And a bird flew up out of the turret,
    Above the traveler's head:
And he smote upon the door a second time;
    "Is there anybody there?" he said.
But no one descended to the Traveller;
    No head from the leaf-fringed sill
Leaned over and looked into his grey eyes,
    Where he stood perplexed and still.
But only a host of phantom listeners
    That dwelt in the lone house then
Stood listening in the quiet of the moonlight
    To that voice from the world of men:
Stood thronging the faint moonbeams on the dark stair
    That goes down to the empty hall,
Hearkening in an air stirred and shaken
    By the lonely Traveler's call.

And he felt in his heart their strangeness,
    Their stillness answering his cry,
While his horse moved, cropping the dark turf,
    'Neath the starred and leafy sky;
For he suddenly smote the door, even
    Louder, and lifted his head: —
"Tell them I came, and no one answered,
    That I kept my word," he said.
Never the least stir made the listeners,
    Though every word he spake
Fell echoing through the shadowiness of the still house
    From the one man left awake:
Aye, they heard his foot upon the stirrup,
    And the sound of iron on stone,
And how the silence surged softly backward,
    When the plunging hoofs were gone.

罗伯特·格瑞夫斯 Robert Graves（1895—1985）

披风

仅仅带几件衬衣、一些金币
以及必要的文件去国流亡。
但风总逆吹：英伦海峡的邮船
一次又一次把晕船的贵胄送回
到三维治、迪尔或腊伊[1]。他不上岸，
却留在舱内；最终我们发现他
也许在第埃珀[2]简陋的寄宿之处，
衬衣从行李中取出，睡帽挂墙上，
玩纸牌和练习剑术或与女佣们
调笑闲聊来消磨白天的时光，
到夜晚则干起老行当。一切都好——
乡下的酒虽很烈但有益于健康，
法语是他的第二语言；一个
忠诚的男仆为他刷帽子，拿报纸。
这位贵人随处都安闲自在，
他的城堡，男仆说，即他的封号。
为管理一块封邑操劳会妨碍
爵爷手头正从事的这些事务。
爵爷他老人家，男仆说，现在打算

---

[1] 均为英国南部港口名。
[2] 法国地名。

要离开几年,这样会有好处。
在宫廷就没有朋友替他说情?
他不想要谁去说:流亡不过是
把全身几乎都裹藏在披风深处
居无定所的老习惯的别名而已。
正是这一点触怒了一位大人物。

THE CLOAK

Into exile with only a few shirts,
Some gold coin and the necessary papers.
But winds are contrary: the Channel packet
Time after time returns the sea-sick peer
To Sandwich, Deal or Rye. He does not land,
But keeps his cabin; so at last we find him
In humble lodgings maybe at Dieppe,
His shirts unpacked, his night-cap on a peg,
Passing the day at cards and swordsmanship
Or merry passages with chambermaids,
By night at his old work. And all is well—
The country wine wholesome although so sharp,
And French his second tongue; a faithful valet
Brushes his hat and brings him newspapers.
This nobleman is at home anywhere,
His castle being, the valet says, his title.
The cares of an estate would incommode
Such tasks as now his Lordship has in hand.
His Lordship, says the valet, contemplates
A profitable absence of some years.
Has he no friend at court to intercede?

He wants none: exile's but another name

For an old habit of non-residence

In all but the recesses of his cloak.

It was this angered a great personage.

塞西尔·戴·刘易斯 C. Day Lewis（1904—1972）

两首歌（之二）[1]

来跟我同居，做我的爱人，
我们将体验那乐趣无尽：
安宁和丰足，床铺和饮食
要靠幸运的就业来供给。

我将在码头上搬运点心；
你将读夏季流行的衣裙：
傍晚在酸臭的运河边上，
我们将指望听情歌小唱。

忧愁将给你少女的额前
戴一个皱纹花环，你脚穿
痛楚：并不是丝织的衣袍
而是辛劳将消磨你美貌。

饥饿将使你衣带渐变宽，
只剩皮包骨把死神蒙骗——
要这些乐趣能让你动心，
就跟我同居，做我的爱人。

---

[1] 此诗作于1935年。

TWO SONGS (II)

Come, live with me and be my love,
And we will all the pleasures prove
Of peace and plenty, bed and board,
That chance employment may afford.

I'll handle dainties on the docks
And thou shalt read of summer frocks:
At evening by the sour canals
We'll hope to hear some madrigals.

Care on thy maiden brow shall put
A wreath of wrinkles, and thy foot
Be shod with pain: not silken dress
But toil shall tire thy loveliness.

Hunger shall make thy modest zone
And cheat fond death of all but bone—
If these delights thy mind may move,
Then live with me and be my love.

菲利浦·拉金 Philip Larkin（1922—1985）

床上交谈[1]

在床上交谈应该极容易，
共卧在那儿回到那么远：
两个人诚实相待的标志。

但更多时间默默地逝去。
屋外，风的不完全不止息
在空中把云团吹散，吹聚；

黑暗城镇堆积在地平线。
这无一关心我们。看不出
远离孤独这独特距离间，

同时既真又好听的言辞，
或者不假不难听的言辞，
为什么变得更难以寻觅。

---

[1] 此诗作于 1960 年 8 月 10 日，发表于 1964 年。

TALKING IN BED

Talking in bed ought to be easiest,
Lying together there goes back so far,
An emblem of two people being honest.

Yet more and more time passes silently.
Outside, the wind's incomplete unrest
Builds and disperses clouds about the sky,

And dark towns heap up on the horizon.
None of this cares for us. Nothing shows why
At this unique distance from isolation

It becomes still more difficult to find
Words at once true and kind,
Or not untrue and not unkind.

特德·休斯 Ted Hughes（1930—1998）

圆月与小芙丽达[1]

皱缩成一声犬吠和一只水桶的叮咚声的一小块凉爽黄昏——

还有在倾听的你。
一张蛛网，被露珠坠紧。
一只提起的桶，平静而充盈——会把
一颗初现的星引诱得发颤的镜子。

那边小路上，牛群正在回家，它们温暖鼻息的花环劫掠着路边
　的树篱——
一条黑暗的血河，许多卵石，
平衡着没有泼洒的牛奶。

"月亮！"你忽然喊起，"月亮！月亮！"

月亮朝后退步，像一位艺术家惊奇地凝视着一件作品——
那作品正惊奇地指着他。

---

[1] 此诗作于1968年。芙丽达是休斯与西尔维娅·普拉斯所生女儿。

FULL MOON AND LITTLE FRIEDA

A cool small evening shrunk to a dog bark and the clank of a bucket—

And you listening.
A spider's web, tense for the dew's touch.
A pail lifted, still and brimming—mirror
To tempt a first star to a tremor.

Cows are going home in the lane there, looping the hedges with their warm wreaths of breath—
A dark river of blood, many boulders,
Balancing unspilled milk.

'Moon!' you cry suddenly, 'Moon! Moon!'

The moon has stepped back like an artist gazing amazed at a work
That points at him amazed.

谢默斯·希内 Seamus Heaney（1939—2013）

春之祭[1]

寒冬握紧拳头
就这样卡在水泵里。
柱塞在它的喉咙里

冻结成坨，冰块附着
在铁上。手柄
瘫软弯垂。

于是把麦秸拧成
草绳，紧紧缠绕
在铁管上，然后一把火

将水泵团团烘烤。
它凉了，我们掀起她的活门，
她的开口处湿了，她来了。

---

[1] 此诗出自诗集《通往黑暗之门》（1969）。

RITE OF SPRING

So winter closed its fist

And got it stuck in the pump.

The plunger froze up a lump

In its throat, ice founding itself

Upon iron. The handle

Paralysed at an angle.

Then the twisting of wheat straw

Into ropes, lapping them tight

Round stem and snout, then a light

That sent the pump up in a flame.

It cooled, we lifted her latch,

Her entrance was wet, and she came.

叶芝诗四首

> 导读

威廉·巴特勒·叶芝（William Butler Yeats, 1865—1939），又译叶慈。诗人、剧作家。生于爱尔兰都柏林一画家家庭。在伦敦受初等教育。年轻时兴趣广泛：学过画；很早就诗名显著；曾发起爱尔兰文学复兴运动，创建艾贝剧院，任经理和导演；关心民族政治运动，一度参加爱尔兰共和兄弟会；痴迷东、西方神秘主义宗教和哲学。1922年爱尔兰自由邦建立，当选为参议员。1923年获诺贝尔文学奖。一生创作颇丰，其诗吸收浪漫主义、唯美主义、神秘主义、象征主义、玄学诗的精华，几度变革，最终熔炼出独特的风格。他的艺术探索道路被视为英诗主流从传统向现代过渡的缩影。他自称是"最后的浪漫主义者"。有人认为他不是现代派，而最具现代性。同时代另一位大诗人托·斯·艾略特称他是"二十世纪英语世界最伟大的诗人"。代表作有诗集《苇间风》《碉楼》《旋梯》等。

《叶芝抒情诗全集》(中国工人出版社，1994)是第一本汉译叶芝诗全集，共收译诗374首。2000年，书林出版有限公司邀请译者选取其中约三分之一篇幅出版英汉对照繁体字版《叶慈诗选》，译文有所修订。2003年，河北教育出版社出版全集修订本，更名为《叶芝诗集》。2005年，华文出版社出版英汉对照本《叶芝诗精选》，选诗未经译者认可。2011年，云南人民出版社出版《叶芝抒情诗选》，译文有所修订。2012年，时代文艺出版社出版《叶芝诗选》，译文有所修订，但印刷错误颇多。2015年，上海外语教育出版社出版英汉对照本《叶芝诗选》，选诗与时代文艺版同。2018年，上海译文出版社出版增订本《叶芝诗集》，除修订了全集原有内容外，还新译了叶芝生前未发表的少作和少量集外诗，共收译诗415首。这是迄今最全的汉译叶芝诗集。此后还有若干诗选出版，只要是译者亲自编选，译诗都以此本为准。以下译诗亦选自该书。

威廉·巴特勒·叶芝 William Butler Yeats（1865—1939）

在你年老时[1]

在你年老，头花白，睡意沉沉，
挨着火炉打盹时，取下这书，
慢慢诵读，梦忆从前你双眸
神色柔和，眼波中倒影深深；

众人爱你欢快迷人的时光，
爱你美貌出自假意或真情，
唯有一人爱你灵魂的至诚，
爱你渐衰的脸上缕缕忧伤；

然后弓身凑在熊熊炉火边，
喃喃，有些凄然，说爱神[2]溜走
到头顶之上群山之巅漫游，
把他的容颜藏在繁星中间。

---

1 此诗作于 1891 年 10 月 21 日，系仿法国诗人彼埃尔·德·龙沙（1524—1585）的同题十四行诗，赠给茉德·冈的。
2 指罗马神话中的男性小爱神丘比特（希腊神话中叫厄洛斯），爱与美之神维纳斯（希腊神话中叫阿芙洛狄特）之子，可凭附在恋人体内，一旦爱情不再，即离体而去。古罗马诗人奥维德的长诗《岁时记》卷六第五行云："我们体内住着一个神；他一动，我们就被点燃。"叶芝另有《有关前世的梦》一诗，其末行云："因爱神头戴繁星冠，掠过而未注意我们。"

WHEN YOU ARE OLD

When you are old and grey and full of sleep,
And nodding by the fire, take down this book,
And slowly read, and dream of the soft look
Your eyes had once, and of their shadows deep;

How many loved your moments of glad grace,
And loved your beauty with love false or true,
But one man loved the pilgrim soul in you,
And loved the sorrows of your changing face;

And bending down beside the glowing bars,
Murmur, a little sadly, how Love fled
And paced upon the mountains overhead
And hid his face amid a crowd of stars.

白鸟[1]

我情愿我们是,亲爱的,浪花之上一双白鸟!
流星暗淡陨逝之前,我们已厌倦了那闪耀;
低悬在天空边缘,暮色里那颗蓝星的幽光[2]
唤醒了我们心中,亲爱的,一缕不死的忧伤。

倦意来自那些露湿的梦想者:玫瑰和百合;[3]
啊,别梦,亲爱的,飞逝而去的流星的闪烁,
或那低悬在露滴中滞留不去的蓝星的光辉:
因为我情愿我们化作浪花上的白鸟:我和你!

我心头萦绕无数的岛屿,许多妲娜的海滨,
在那里,时光会遗忘我们,悲伤也不再来临;
很快我们会远离玫瑰、百合和星象的不祥,
只要我们是双白鸟,亲爱的,出没在浪花上!

---

[1] 叶芝解释(1892)说:"仙境的鸟像雪一样白。'妲娜的海滨'当然是'青春永驻之邦',或仙境。"(《校勘本叶芝诗集》,第799页)妲娜:或妲奴,是古爱尔兰传说中的诸神之母。后来有学问的基督徒使用"妲娜之民"称呼爱尔兰早期居民。

[2] 蓝星:指金星,西方以爱神维纳斯之名称之。蓝色则是悲伤之色。

[3] 玫瑰:女性的象征;百合:男性的象征。

THE WHITE BIRDS

I would that we were, my beloved, white birds on the foam of the sea!
We tire of the flame of the meteor, before it can fade and flee;
And the flame of the blue star of twilight, hung low on the rim of
 the sky,
Has awaked in our hearts, my beloved, a sadness that may not die.

A weariness comes from those dreamers, dew-dabbled, the lily and rose;
Ah, dream not of them, my beloved, the flame of the meteor that goes,
Or the flame of the blue star that lingers hung low in the fall of the dew:
For I would we were changed to white birds on the wandering foam: I
 and you!

I am haunted by numberless islands, and many a Danaan shore,
Where Time would surely forget us, and Sorrow come near us no more;
Soon far from the rose and the lily and fret of the flames would we be,
Were we only white birds, my beloved, buoyed out on the foam of
 the sea!

一位爱尔兰飞行员预见死亡[1]

我知道我将要遭逢厄运
在天上浓云密布的某处；
对所抗击者[2]我并不仇恨，
对所保卫者[3]我也不爱慕；
我的故乡是齐勒塔尔坦[4]，
那里的穷人是我的同胞，
结局既不会使他们损减，
也不会使他们过得更好。
不是闻人或欢呼的群众，
或法律或义务使我参战，
是一股寂寞的狂喜冲动
长驱直入这云中的骚乱；
我回想一切，权衡一切，
未来的岁月似毫无意义，
毫无意义的是以往岁月，
二者平衡在这生死之际。

---

1 格雷戈里夫人的独生子罗伯特·格雷戈里（1881—1918）在英国皇家空军服役，于1918年1月23日第一次世界大战期间在意大利前线阵亡。
2 指德国人。
3 指英国人。
4 齐勒塔尔坦：在库勒庄园附近，是格雷戈里家的属地。

AN IRISH AIRMAN FORESEES HIS DEATH

I know that I shall meet my fate

Somewhere among the clouds above;

Those that I fight I do not hate,

Those that I guard I do not love;

My country is Kiltartan Cross,

My countrymen Kiltartan's poor,

No likely end could bring them loss

Or leave them happier than before.

Nor law, nor duty bade me fight,

Nor public men, nor cheering crowds,

A lonely impulse of delight

Drove to this tumult in the clouds;

I balanced all, brought all to mind,

The years to come seemed waste of breath,

A waste of breath the years behind

In balance with this life, this death.

勒达与天鹅[1]

突然一下猛击：那巨翼仍拍动
在踉跄的少女头顶，黝黑蹼掌
摸着她大腿，硬喙叼着她背颈，
他把她无助的胸脯贴在他胸上。

她惊恐不定的手指如何能推拒
渐渐松开的大腿上荣耀的羽绒？
被置于那白色灯芯草丛的身躯
怎能不感触那陌生心房的跳动？

腰股间一阵震颤就造成在那里，
城墙遭破坏，屋顶和碉楼烧燃，
阿伽门农惨死[2]。
　　　　　　　就如此遭劫持，
如此任空中那野蛮的生灵宰制，
趁那冷漠的巨喙能把她丢下前，
她可借他的力吸取了他的知识？

1923

---

[1] 据希腊神话，斯巴达王廷达瑞俄斯之后勒达被变化成天鹅的主神宙斯强奸而生海伦（性爱的象征）、克吕泰涅斯特拉（阿伽门农之妻）和狄俄斯库里兄弟（战争的象征）。叶芝认为这预示旧的文明（上古时代）行将终结，新的文明（荷马时代）即将到来，而变化的根源即在于性爱和战争。

[2] 海伦与帕里斯的私奔导致特洛伊战争和特洛伊城邦的毁灭；希腊联军统帅阿伽门农（权力和尊严的象征）在得胜归国后被其妻克吕泰涅斯特拉伙同奸夫谋杀。

LEDA AND THE SWAN

A sudden blow: the great wings beating still
Above the staggering girl, her thighs caressed
By the dark webs, her nape caught in his bill,
He holds her helpless breast upon his breast.

How can those terrified vague fingers push
The feathered glory from her loosening thighs?
And how can body, laid in that white rush,
But feel the strange heart beating where it lies?

A shudder in the loins engenders there
The broken wall, the burning roof and tower
And Agamemnon dead.
                         Being so caught up,
So mastered by the brute blood of the air,
Did she put on his knowledge with his power
Before the indifferent beak could let her drop?

1923

但恩诗五首

导读

约翰·但恩（John Donne, 1572—1631），又译多恩、邓恩、堂恩、唐恩、邓、顿。英国十七世纪玄学诗派鼻祖。生于天主教徒家庭。曾就读于牛津大学。早年生活狂放不羁，晚年改宗英国国教，任圣保罗教堂教长。早期以写艳情诗见称，晚期则专写宗教诗。其诗作特点是：寓哲理思辨于浓缩的激情，想象出奇但合乎逻辑，富于对立又统一的张力。对二十世纪英美现代派诗歌有很大影响。

约翰·但恩的《艳情诗与神学诗》（中国对外翻译出版公司，1999）是第一本汉译但恩诗集，为"英国文学经典名著丛书"之一，包括传世的《歌诗集》《哀歌集》全部和《神学诗集》部分作品。2006年，北京十月文艺出版社出版增订本，更名为《英国玄学诗鼻祖约翰·但恩诗集》，增加新译《格言集》全部。2014年，外语教学与研究出版社出版英汉对照本《约翰·但恩诗选》(英诗经典名家名译丛书)，选用了《歌诗集》全部和《神学诗集》部分作品。2016年，上海译文出版社出版修订本《约翰·但恩诗集》，原有内容经过了全面修订。这是迄今为止最全的汉译但恩诗集。以下译诗即选自此书。

哀歌 1. 嫉妒

约翰·但恩 John Donne（1572—1631）

情愿你丈夫去死[1]，却又怨恨
他的醋劲太大的多情蠢女人：
假如胀满毒气，他临终卧床，
浑身上下覆盖着结痂的疥疮；
他的呼吸粗重而短促，只有
运气最娴熟的乐师才能吹奏；
令人恶心的呕吐就要把灵魂
从一个地狱往新的地狱啐喷；
穷亲戚[2]号啕大哭把耳朵震聋——
以少许假眼泪求乞大笔遗赠，
你不会哀哭，而是欣喜若狂，
就像个奴隶翌日将获得解放；
眼看他饥吞自己的致死缘故，
毒害心灵的嫉妒，你却哀哭。
哦，多多谢他，他礼貌周到，
用疑心好心向我们发出警告。
我们不可一如惯常，用讽刺
打哑谜，公然讥笑他的丑态；

---

[1] 死：有"性交"含义，因为在十七世纪英国，死亡是性交高潮的一个流行暗喻。时人认为，性交一次会缩短一天寿命。

[2] 穷亲戚：有些抄本作"至亲"。

也不可在他的餐桌前面共坐,
谈笑,接触,稍露私通神色。
在他大吃饱餐,肚皮鼓胀起,
倒在藤椅中,鼾声雷动之时,
我们也不可再僭用他的卧床,
在他家接吻嬉戏,一如往常。
现在我看到危险重重:那是
他的王国、城堡、教区辖地。
但假如像那些辱骂本国君主
或私铸金币的邪恶之徒放逐
远到他国,在那里为所欲为,
我们别处去玩,有什么可怕?[1]
在那里我们会蔑视他的家规,
他的拙劣计谋和雇佣的探子,
一如泰晤士南岸居民瞧不上
伦敦市长,德国人貌视教皇。[2]

1　此行有些抄本作"我们被迫退隐到某个第三处所"。
2　泰晤士河南岸只有南沃克一区属伦敦市长管辖,而此地以混乱著称,且不服伦敦市辖制。德意志自马丁·路德(1483—1546)宗教改革以后,激烈反对罗马天主教教皇。

ELEGIE I. JEALOUSIE

Fond woman which would'st have thy husband die,

And yet complain'st of his great jealousie;

If swolne with poyson, hee lay in'his last bed,

His body with a sere-barke covered,

Drawing his breath, as thick and short, as can

The nimblest crocheting Musitian,

Ready with loathsome vomiting to spue

His Soule out of one hell, into a new,

Made deafe with his poore kindreds howling cries,

Begging with few feign'd teares, great legacies,

Thou would'st not weepe, but jolly, 'and frolicke bee,

As a slave, which to morrow should be free,

Yet weep'st thou, when thou seest him hungerly

Swallow his owne death, hearts-bane jealousie.

O give him many thanks, he'is courteous,

That in suspecting kindly warneth us.

Wee must not, as wee us'd, flout openly,

In scoffing ridles, his deformitie;

Nor at his boord together being satt,

With words, nor touch, scarce lookes adulterate.

Nor when he swolne, and pamper'd with great fare

Sits downe, and snorts, cag'd in his basket chaire,

Must wee usurpe his owne bed any more,

Nor kisse and play in his house, as before.

Now I see many dangers; for it is

His realme, his castle, and his diocesse.

But if, as envious men, which would revile

Their Prince, or coyne his gold, themselves exile

Into another countrie, 'and doe it there,

Wee play'in another house, what should we feare?

There we will scorne his houshold policies,

His seely plots, and pensionary spies,

As the inhabitants of Thames right side

Do Londons Major, or Germans, the Popes pride.

神学冥想

一

您造就了我,您的作品可将会朽坏?
现在就修理我吧,因为我末日近迫;
我奔向死亡,死亡也同样迅速迎我;
我所有快乐都仿佛昨日一样难再;
我不敢朝任何方向转动昏花目光;
身后的绝望,身前的死亡确实投下
如此恐怖;我虚弱的肉体由于容纳
罪孽而消损,罪孽压它向地狱沉降;
只有您在天显灵,且蒙您恩准能够
朝您仰望的时候,我才会重新奋起;
可我们狡猾的宿敌[1]百般将我引诱,
致使我一个小时也把持不住自己;
您的恩典可给我添翼,防他的伎俩,
您就像磁石一样吸引我铁铸心房。

---

1 我们狡猾的宿敌:指魔鬼撒旦。

DIVINE MEDITATIONS

I

Thou hast made me, And shall thy worke decay,
Repaire me now, for now mine end doth haste,
I runne to death, and death meets me as fast,
And all my pleasures are like yesterday,
I dare not move my dimme eyes any way,
Despaire behind, and death before doth cast
Such terrour, and my feeble flesh doth waste
By sinne in it, which it t'wards hell doth weigh;
Onely thou art above, and when towards thee
By thy leave I can looke, I rise againe;
But our old subtle foe so tempteth me,
That not one houre my selfe I can sustaine,
Thy Grace may wing me to prevent his art
And thou like Adamant draw mine iron heart.

四

我黑色的灵魂哟！此刻你被疾病，
死亡的前导，兼先锋战士，所召唤；
你就像一个旅人，在异邦，因谋反
叛逆，而不敢回到他逃离的国境，
或者像一个窃贼，一直到宣判前，
都希冀他自己能够从牢狱获释；
可是在被判极刑，拉出去处决时，
却希望他能够永远囚禁在牢监；
然而，你不会缺恩典，只要你忏悔；
可是谁将给你恩典以开始悔忏？
啊，把你自己用虔诚的悲哀染黑，
用羞愧染红，一如你用罪孽浸染；
或用基督血洗涤你，它有这神力：
尽管是红的，却能把红灵魂漂白。

IV

Oh my blacke Soule! now thou art summoned
By sicknesse, deaths herald, and champion;
Thou art like a pilgrim, which abroad hath done
Treason, and durst not turne to whence hee is fled,
Or like a thiefe, which till deaths doome be read,
Wisheth himselfe delivered from prison;
But damn'd and hal'd to execution,
Wisheth that still he might be imprisoned;
Yet grace, if thou repent, thou canst not lacke;
But who shall give thee that grace to beginne?
Oh make thy selfe with holy mourning blacke,
And red with blushing, as thou art with sinne;
Or wash thee in Christs blood, which hath this might
That being red, it dyes red soules to white.

十

死神,别得意,虽然有些人曾经说你
强大而可怕,因为,你其实并非如此,
因为,那些你以为打倒的人并不死,
可怜的死神,而你也无法把我杀死;
休息和睡眠,只是你的影像,从中却
流出许多快乐,那么,你那里必流出
更多;很快我们的优秀者随你而去,
他们的骸骨得休息,灵魂得到解脱。
你是命运、机遇、君王和亡命之徒的
奴隶,与毒药、战争和疾病同居做伴;
罂粟,或符咒也能使我们入睡安眠,
比你的打击更有效[1];那你为何自负呢?
一次短暂的睡眠后,我们长醒[2]不寐,
死亡将不再存在;死神,必死的是你。

---

1 更有效:有些抄本作"更轻巧"。
2 长醒:有些抄本作"长生"。

X

Death be not proud, though some have called thee

Mighty and dreadfull, for, thou art not soe,

For, those, whom thou think'st, thou dost overthrow,

Die not, poore death, nor yet canst thou kill mee;

From rest and sleepe, which but thy pictures bee,

Much pleasure, then from thee, much more must flow,

And soonest our best men with thee doe goe,

Rest of their bones, and soules deliverie.

Thou art slave to Fate, chance, kings, and desperate men,

And dost with poyson, warre, and sicknesse dwell,

And poppie, or charmes can make us sleepe as well,

And better then thy stroake; why swell'st thou then?

One short sleepe past, wee wake eternally,

And death shall be no more, Death, thou shalt die.

十四

砸烂我的心,三位一体的神;因为,您
仍旧只敲打、呵气、磨光,试图要修补;
为使我爬起、站立,就该打翻我,集聚
力量,粉碎、鼓风、焚烧,重铸我一新。
我,像被夺的城池,欠另一主子的赋税,
努力要接纳您,可是,哦,却没有结果;
理智,您在我身中的摄政,本应保卫我,
却被捕成囚,并被证明是懦弱或不忠实。
然而,我深深爱恋您,也乐于为您所爱,
可是我,却偏偏被许配给您的寇仇死敌;
让我离婚吧,重新解开,或扯断那纽带,
抢走我,归您所有,幽禁起我吧,因为
我永远不会获得自由,除非您奴役我,
我也从不曾保守贞洁,除非您强暴我。

XIV

Batter my heart, three person'd God; for, you

As yet but knocke, breathe, shine, and seeke to mend;

That I may rise, and stand, o'erthrow mee, 'and bend

Your force, to breake, blowe, burn and make me new.

I, like an usurpt towne, to'another due,

Labour to 'admit you, but Oh, to no end,

Reason your viceroy in mee, mee should defend,

But is captiv'd, and proves weake or untrue,

Yet dearely 'I love you, 'and would be lov'd faine,

But am betroth'd unto your enemie,

Divorce mee, 'untie, or breake that knot againe,

Take mee to you, imprison mee, for I

Except you'enthrall mee, never shall be free,

Nor ever chast, except you ravish mee.

乔伊斯诗二首

导读

詹姆斯·乔伊斯(James Joyce, 1882—1941)虽主要以小说名世，但也写诗。他正式出版的诗集仅有薄薄的两册，即《室内乐》(1907)和《一分钱一枚的果子》(1927)。另外，他还写有70余首(段)即兴诗，多为滑稽或讽刺之作，其中较重要的只有他自费印制的诗传单《宗教法庭》(1904)和《燃炉里冒出的煤气》(1912)。

诗集《室内乐》是乔伊斯正式出版的第一部作品。集中包括36首抒情短诗，乔伊斯称之为"自我表现的开端"；前辈诗人威廉·巴特勒·叶芝则视之为"一个练笔的年轻人"的习作。这些诗写作于1901—1904年间，是作者当时情感历程的抒发，风格受伊丽莎白时代、浪漫主义、"世纪末"诗歌以及爱尔兰民歌的影响，不无模仿痕迹，但音乐感很强。乔伊斯认为该诗集中的全部作品就是一"组"歌。这些"歌"不仅充满了音乐意象，而且借助主导思想和重现主题的有节奏结构安排而形成一个整体。贯串这些歌的主旋律是爱情。

译者应《乔伊斯文集》主编之约于1995年就译完了乔伊斯的全部

诗作及其他部分散文作品，但迟迟未见出版。至 2002 年，遂由河北教育出版社单独出版《乔伊斯诗全集》。这是第一也是唯一一本汉译乔伊斯诗全集。2011 年，又由云南人民出版社出版与柯彦玢合译的《乔伊斯诗歌·剧作·随笔集》。2012 年，《乔伊斯文集：乔伊斯诗歌·剧作·随笔集》终于改由上海译文出版社出版。后两本书中的译文都经过了全面修订。以下译诗选自上述最后一本书，是《室内乐》中的第四、七首。

当那羞涩的星像处女般

当那羞涩的星像处女般
　　忧郁地出现在天上的时刻，
你听，在困倦的暮色中间
　　有人在你的门边唱着歌。
他的歌比露水还要温柔，
　　他前来把你访求。

当他在日暮时分来访时，
　　哦，别再在梦想中低着头，
也别沉思：这歌者会是谁？
　　他的歌正落在我心四周。
凭这，恋人的歌，你晓得
　　你的访客就是我。

詹姆斯·乔伊斯 James Joyce（1882—1941）

WHEN THE SHY STAR GOES FORTH IN HEAVEN

When the shy star goes forth in heaven
 All maidenly, disconsolate,
Hear you amid the drowsy even
 One who is singing by your gate.
His song is softer than the dew
 And he is come to visit you.

O bend no more in revery
 When he at eventide is calling,
Nor muse: Who may this singer be
 Whose song about my heart is falling?
Know you by this, the lover's chant,
 'Tis I that am your visitant.

我爱人穿一袭轻薄衣裙

我爱人穿一袭轻薄衣裙
　在苹果树丛中间，
欢快的风儿极渴望成群
　往那儿奔跑翩然。

在那儿好风儿停步追求
　飘过的年轻叶子，
我爱人慢慢走，弯腰俯就
　草地上她的影子；

在那儿天空是浅蓝杯子
　笼盖大笑的土地，
我爱人轻轻走，纤纤手指
　把她的裙裾拎起。

MY LOVE IS IN A LIGHT ATTIRE

My love is in a light attire
    Among the apple-trees,
Where the gay winds do most desire
    To run in companies.

There, where the gay winds stay to woo
    The young leaves as they pass,
My love goes slowly, bending to
    Her shadow on the grass;

And where the sky's a pale blue cup
    Over the laughing land,
My love goes lightly, holding up
    Her dress with dainty hand.

二十世纪英语诗十七首

导读

《二十世纪英语诗选》(河北教育出版社，2003)可以说是译者的一部译诗自选集。所谓二十世纪英语诗，是指在1901至2000年间写作或发表的、直接用英语创作的诗作。作者主要来自以英语为母语、民族语、官方语或通用语的国家和地区，包括个别用双语写作者。但不包括用自己的母语创作，然后自行将作品翻译成英语的作者，如印度的罗·泰戈尔和以色列的耶胡达·阿米亥。所收录的世界各地128位诗人的394首诗作的汉译文是译者历年译作的汇集，风格难免不一，例如瑞恩的《不被爱者》一诗译得较早（二十世纪八十年代），就还有些"创造性"发挥。以下译诗除普拉斯的《女拉撒路》一首是基于论文《以普拉斯〈女拉撒路〉为例论非私人化诗歌理论》之外均选自此书。

托马斯·厄内斯特·休姆 Thomas Ernest Hulme（1883—1917）

秋

秋夜里一丝凉意——
我在户外漫步，
望见晕红的月亮倚在篱墙上
像个红脸膛的农夫。
我没有停步搭讪，只是点点头；
四周是满怀憧憬的群星
面色苍白像城里的孩子。

1912

AUTUMN

A touch of cold in the Autumn night –
I walked abroad,
And saw the ruddy moon lean over a hedge
Like a red-faced farmer.
I did not stop to speak, but nodded,
And round about were the wistful stars
With white faces like town children.

1912

戴维·赫伯特·劳伦斯 David Herbert Lawrence（1885—1930）

自怜

我从未见过野生动物
觉得自己可怜。
一只小鸟会冻死从枝头坠落
也不曾觉得自己可怜。

SELF-PITY

I never saw a wild thing

sorry for itself.

A small bird will drop frozen dead from a bough

without ever having felt sorry for itself.

凯瑟琳·瑞恩 Kathleen Raine(1908—2003)

不被爱者

我是纯粹的寂寞
我是虚渺的空气
我是飘荡的流云。

我无形无体
我无边无际
我无休无止。

我无家可归
我四处流浪
我是无心的风。

我是那白鸟
飞离陆地
我是地平线。

我是朵浪花
永远吻不着海岸。

我是只空贝

被抛上沙滩。

我是月光
晾在无顶的农屋上。

我是被遗忘的死者
长眠在山上坍塌的墓穴里。

我是那老人
自己用木桶提水。

我是光
巡行在空旷的宇宙。

我是一颗渐瘦的星
急匆匆
飞出天外。

1952

THE UNLOVED

I am pure loneliness

I am empty air

I am drifting cloud.

I have no form

I am boundless

I have no rest.

I have no house

I pass through places

I am indifferent wind.

I am the white bird

Flying away from land

I am the horizon.

I am a wave

That will never reach the shore.

I am an empty shell

Cast up on the sand.

I am the moonlight

On the cottage with no roof.

I am the forgotten dead

In the broken vault on the hill.

I am the old man

Carrying his water in a pail.

I am light

Travelling in empty space.

I am a diminishing star

Speeding away

Out of the universe.

1952

诺曼·麦凯格 Norman MacCaig（1910—1996）

事变

我望着桌对面心想
（被爱火煎熬着）
叫我，来呀，叫我
去干些不可能的事儿，
异想天开而毫无用处的事儿，
不可思议且不可仿效的事儿，

比如使一根手指开花，
或在二十分钟内走半个小时路，
或回忆明天。

我愿你提出这样的要求。
可是你所说的只是
给我一根香烟好吗？
于是我微笑，然后，
回到美妙的
现实世界，
用一只颤抖的手，
带着凡人的颤抖，
递给你一根香烟。

1974

INCIDENT

I look across the table and think
(fiery with love)
Ask me, go on, ask me
to do something impossible,
something freakishly useless,
something unimaginable and inimitable

Like making a finger break into blossom
or walking for half an hour in twenty minutes
or remembering tomorrow.

I will you to ask it.
But all you say is
Will you give me a cigarette?
And I smile and,
returning to the marvelous world
of possibility
I give you one
with a hand that trembles
with a human trembling.

1974

艾德里安·亨利 Adrian Henri（1932—2000）

今夜中午

今夜中午

超级市场将广告各色商品都附加三分钱的额外费用

今夜中午

来自各个幸福家庭的儿童将被送到一个家[1]里去生活

大象们将彼此互讲人类的笑话

美利坚将对俄罗斯宣和

十一月十一日第一次世界大战的将军们将在大街上卖罂粟[2]

当叶子向上落到树上去的时候

秋天的第一丛水仙花就会出现

今夜中午

家鸽将满城市后院追捕野猫

希特勒将号召我们在海滩上在着陆场上战斗[3]

一条灌满水的隧道将在利物浦下面建成

猪群将被看见在伍尔屯[4]上空列队飞行

1　可能指所谓"儿童之家"，即孤儿院之类的社会服务机构。
2　十一月十一日是第一次世界大战停战纪念日，是日英国城市大街上有罂粟出售，所得钱款被分发给参战老兵及其家属。
3　事实上是丘吉尔号召英国人民在海滩、着陆点等处抵抗德寇。
4　利物浦的一个郊区。

纳尔逊不仅将找回他的眼睛而且还将找回他的胳膊[1]
美国白人将在黑宫前面示威
要求平等权利
怪物刚刚造出了弗兰肯斯坦博士[2]

身穿比基尼的少女们正在享受月光浴
民歌正被真正的乡民唱着
美术馆不对21岁以上的人开放
诗人们的作品上了20大畅销书排行榜
政客们被选入疯人院
人人都有工作可没人想要

光天化日之下
背街小巷里到处是十几岁的恋人在接吻
被遗忘的墓地里到处是死人将悄悄地
把活人埋葬
而
你将告诉我你爱我
今夜中午

1968

---

[1] 英国著名海军将领霍瑞修·纳尔逊子爵（1758—1805）战功赫赫，曾在战斗中失去右眼和右臂。
[2] 英国作家玛丽·雪莱的长篇小说《弗兰肯斯坦》（1818）讲述生物学家弗兰肯斯坦博士制造怪物的故事。

TONIGHT AT NOON

Tonight at noon

Supermarkets will advertise 3p extra on everything

Tonight at noon

Children from happy families will be sent to live in a home

Elephants will tell each other human jokes

America will declare peace on Russia

World War I generals will sell poppies on the street on November 11th

The first daffodils of autumn will appear

When the leaves fall upwards to the trees

Tonight at noon

Pigeons will hunt cats through city backyards

Hitler will tell us to fight on the beaches and on the landing fields

A tunnel full of water will be built under Liverpool

Pigs will be sighted flying in formation over Woolton

and Nelson will not only get his eye back but his arm as well

White Americans will demonstrate for equal rights

in front of the Black house

And the Monster has just created Dr. Frankenstein

Girls in bikinis are moonbathing

Folksongs are being sung by real folk

Art galleries are closed to people over 21

Poets get their poems in the Top 20

Politicians are elected to insane asylums

There's jobs for everybody and nobody wants them

In back alleys everywhere teenage lovers are kissing

in broad daylight

In forgotten graveyards everywhere the dead will quietly

bury the living

and

You will tell me you love me

Tonight at noon

1968

罗杰·麦高 Roger McGough（1937- ）

40—爱[1]

左	网	右
中	ǀ	年
夫	ǀ	妇
打	ǀ	球
游	ǀ	戏
结	ǀ	束
他	ǀ	们
回	ǀ	家
球	ǀ	网
仍	ǀ	在
他	ǀ	们
之	ǀ	间

1971

---

[1] 双关语，原文"40-love"本义为"40 比 0"，又可理解为"40 岁—爱情（归零）"。

40 - LOVE

middle		aged
couple		playing
ten		nis
when		the
game		ends
and		they
go		home
the		net
will		still
be		be
tween		them

1971

德瑞克·马洪 Derek Mahon（1941— ）

赏雪雅集

（赠路易斯·阿瑟科夫）

芭蕉[1]，来到
名古屋城，
被邀至一赏雪雅集。

有瓷器的丁丁声
和斟入瓷器的茶；
有许多的绍介。

然后每个人
都挤到窗前
观赏飘落的雪。

雪正落在名古屋
和更远的南方
京都的屋瓦上。

向东，伊良湖那边，

1　松尾芭蕉（1644—1694）：日本最著名的俳句诗人。

雪下得
好像树叶落在寒冷的海上。

在别处他们正在
沸腾的广场上焚烧
女巫和异端分子，

自黎明起已有数千人死去，
为野蛮的国王们
尽责尽忠；

可是在名古屋的人家里
和伊势的丘山中
有的是清静。

1975

THE SNOW PARTY

(for Louis Asekoff)

Basho, coming
To the city of Nagoya,
Is asked to a snow party.

There is a tinkling of china
And tea into china;
There are introductions.

Then everyone
Crowds to the window
To watch the falling snow.

Snow is falling on Nagoya
And farther south
On the tiles of Kyoto;

Eastward, beyond Irago,
It is falling
Like leaves on the cold sea.

Elsewhere they are burning

Witches and heretics

In the boiling squares,

Thousands have died since dawn

In the service

Of barbarous kings;

But there is silence

In the houses of Nagoya

And the hills of Ise.

1975

华莱士·史蒂文斯 Wallace Stevens（1879—1955）

看黑鸟的十三种方式[1]

1

二十座雪山中间，
唯一活动的东西
是那黑鸟的眼睛。

2

我怀有三心，
像一棵树
上面有三只黑鸟。

3

黑鸟在秋风中盘旋。
那是这哑剧的一个小角色。

4

一个男人一个女人
是一体。
一个男人一个女人一只黑鸟
是一体。

5

我不知偏爱哪个：
音调变化之美呢，

---

[1] "这组诗不是要写成一串警句或念头，而是感觉。"——史蒂文斯：《书信集》，第 251 页。

还是委婉暗示之美,

正在鸣叫的黑鸟呢

还是刚刚叫过的。

6

冰柱给长窗装满

野蛮风格的玻璃。

黑鸟的影子

掠过,去而复返。

心绪

在那影子里追寻

一个无法破解的原因。

7

啊,哈达姆[1]的瘦男人,

你们何必要幻想金鸟?

你们难道看不见黑鸟

在你们周围的女人

脚边绕行的样子吗?

8

我懂得高贵的口音

和透明的、无法逃避的节奏;

---

[1] 美国康涅狄格州一城镇。"哈达姆的瘦男人完全是虚构的,虽然数年前,那个地方的一位市民曾写信给我,问我心里有什么想法。我只是喜欢这个地名。我相信,那是个捕鲸的老城镇。无论如何,那地名的发音有十足的北方佬味儿。"——史蒂文斯:《书信集》,第786页。

可是我也懂得,

黑鸟关涉到

我所懂得的。

9

黑鸟飞出视野之外时,

它画出许多

圆圈之一的边缘。

10

看见黑鸟

在绿光中飞翔,

就连拿腔捏调的婊子

也会失声尖叫。[1]

11

他乘一辆玻璃马车

驱驰在康涅狄格。

有一回,一丝恐惧刺透了他——

他误以为

他的座驾的影子

是黑鸟。

12

河在流动。

---

[1] "第十部分意思是说:拿腔捏调的婊子会突然停止矫揉造作,而尖声地表现自己——当然,是出于快感,等等。"——史蒂文斯:《书信集》,第340页。

黑鸟必在飞行。
13
整个下午都似黄昏。

正在下雪,

而且要继续下。

那黑鸟栖止

在雪松枝上。

1923

THIRTEEN WAYS OF LOOKING AT A BLACKBIRD

I

Among twenty snowy mountains,
The only moving thing
Was the eye of the blackbird.

II

I was of three minds,
Like a tree
In which there are three blackbirds.

III

The blackbird whirled in the autumn winds.
It was a small part of the pantomime.

IV

A man and a woman
Are one.
A man and a woman and a blackbird
Are one.

V

I do not know which to prefer,
The beauty of inflections
Or the beauty of innuendoes,
The blackbird whistling

Or just after.

VI

Icicles filled the long window

With barbaric glass.

The shadow of the blackbird

Crossed it, to and fro.

The mood

Traced in the shadow

An indecipherable cause.

VII

O thin men of Haddam,

Why do you imagine golden birds?

Do you not see how the blackbird

Walks around the feet

Of the women about you?

VIII

I know noble accents

And lucid, inescapable rhythms;

But I know, too,

That the blackbird is involved

In what I know.

IX

When the blackbird flew out of sight,

It marked the edge

Of one of many circles.

X

At the sight of blackbirds

Flying in a green light,

Even the bawds of euphony

Would cry out sharply.

XI

He rode over Connecticut

In a glass coach.

Once, a fear pierced him,

In that he mistook

The shadow of his equipage

For blackbirds.

XII

The river is moving.

The blackbird must be flying.

XIII

It was evening all afternoon.

It was snowing

And it was going to snow.

The blackbird sat
In the cedar-limbs.

1923

埃兹拉·卢米斯·庞德 Ezra Loomis Pound（1885—1972）

在一地铁站里

人群中这些人面的显现；
湿黑的枝上，花瓣点点。

1912

IN A STATION OF THE METRO

The apparition of these faces in the crowd;
Petals on a wet, black bough.

1912

爱德华·埃斯特林·康明斯 Edward Estlin Cummings（1894—1962）

头发蓬乱的／采花人摘着金凤花／紫罗兰

头发蓬乱的
　　　　采花人摘着金凤花
　　　　　　　　　紫罗兰
蒲公英
还有盛气凌人的大雏菊
　　　　　　　　穿行于美妙的原野
眼中微含忧郁
又一个走来
　　　　也采着花儿

　　　　　　　　　　1922

TUMBLING-HAIR/ PICKER OF BUTTERCUPS/ VIOLETS

Tumbling-hair
     picker of buttercups
         Violets
Dandelions
And the big bullying daisies
       through the field wonderful
with eyes a little sorry
Another comes
    also picking flowers

           1922

一片

一片

这

样

的

雪花

（飘

　然

　　降

　落

着）

停在一块

墓

碑

之

上

1963

ONE

one

t

hi

s

snowflake

(a

    li

        ght

    in

g)

is upon a gra

v

es

t

one

        1963

格温朵琳·布鲁克斯 Gwendolyn Brooks（1917—2000）

我们真够绝

台球玩家。
在"金铲子"[1]的七个。

我们真够绝。我们
辍了学。我们

做夜贼。我们
下手黑。我们

唱罪恶。我们
兑酒喝。我们

歌舞狂。我们
活不长。

1960

---

[1] 显然是一家专为赌博而设的台球厅的名号。

WE REAL COOL

THE POOL PLAYERS.
SEVEN AT THE GOLDEN SHOVEL.

We real cool. We
Left school. We

Lurk late. We
Strike straight. We

Sing sin. We
Thin gin. We

Jazz June. We
Die soon.

1960

丹尼丝·莱弗托夫 Denise Levertov（1923—1997）

他们过去什么样？

1）越南人过去
    用石灯笼吗？
2）他们举行仪式
    礼敬花蕾的开放吗？
3）他们喜欢无声地大笑吗？
4）他们用骨头和象牙，
    玉石和白银做饰品吗？
5）他们有史诗吗？
6）他们说话和唱歌有区别吗？

1）先生，他们轻松的心变成了石头。
    不记得花园里的石灯笼是否
    曾照亮令人愉悦的小径。
2）也许他们从前聚会赏花，
    但自从儿童被屠杀之后，
    就不再有花蕾了。
3）先生，大笑对于烧伤的嘴是痛苦的。
4）一场梦之前，也许。装饰是为了欢乐。
    所有的骨头都烧焦了。

5）不记得了。请记住，
　　大多数是农民；他们的生活
　　在于大米和竹子。
　　在和平的云倒映在稻田里，
　　水牛沿着田埂稳步而行的时候，
　　也许父老们曾给儿孙们讲古老的故事。
　　当炸弹粉碎了那些镜子时，
　　就只有厉声尖叫的时间了。
6）他们唱歌般的说话声
　　还没有回声。
　　据报，他们的歌声好似
　　月光下飞蛾的翅音。
　　谁说得清？现在它沉寂了。

1966

WHAT WERE THEY LIKE?

1) Did the people of Viet Nam

   use lanterns of stone?

2) Did they hold ceremonies

   to reverence the opening of buds?

3) Were they inclined to quiet laughter?

4) Did they use bone and ivory,

   jade and silver, for ornament?

5) Had they an epic poem?

6) Did they distinguish between speech and singing?

1) Sir, their light hearts turned to stone.

   It is not remembered whether in gardens

   stone gardens illumined pleasant ways.

2) Perhaps they gathered once to delight in blossom,

   but after their children were killed

   there were no more buds.

3) Sir, laughter is bitter to the burned mouth.

4) A dream ago, perhaps. Ornament is for joy.

   All the bones were charred.

5) It is not remembered. Remember,

　　most were peasants; their life

　　was in rice and bamboo.

　　When peaceful clouds were reflected in the paddies

　　and the water buffalo stepped surely along terraces,

　　maybe fathers told their sons old tales.

　　When bombs smashed those mirrors

　　there was time only to scream.

6) There is an echo yet

　　of their speech which was like a song.

　　It was reported their singing resembled

　　the flight of moths in moonlight.

　　Who can say? It is silent now.

　　　　　　　　　　　　1966

弗兰克·欧哈拉 Frank O'Hara（1926—1966）

为什么我不是个画家

我不是画家,我是个诗人。
为什么?我想我宁愿当个
画家,可我不是。这个么,

例如,迈克·戈德堡
正在起草一幅画。我去串门。
"坐下喝一杯吧。"他
说。我喝;我们喝。我抬头
看。"你画里有**沙丁鱼**。"
"是的,那儿需要点儿什么。"
"哦。"我走了;过了几天,
我又去串门。那幅画
正在进行;我走了;又过了
几天。我去串门。那幅画
完成了。"**沙丁鱼**在哪儿?"
剩下的只是些
字母,"那太多余。"迈克说。

可我呢?有一天我在思索
一种颜色:橙色。我写一行诗

描写橙色。很快,整页纸
都是字,而不是诗行。
接着又是一页。应当有
多得多的,不是关于橙色,而是
关于文字,关于橙色和生活是
多么可怕。过了几天。那甚至是
散文,我是个真正的诗人。我的诗
完成了,我还没有提到
橙色。那是十二首一组诗,我把它
题为《橙色》。有一天在一家画廊
我看见迈克的画,题为《沙丁鱼》。

       1971

WHY I AM NOT A PAINTER

I am not a painter, I am a poet.
Why? I think I would rather be
a painter, but I am not. Well,

for instance, Mike Goldberg
is starting a painting. I drop in.
"Sit down and have a drink" he
says. I drink; we drink. I look
up. "You have SARDINES in it."
"Yes, it needed something there."
"Oh." I go and the days go by
and I drop in again. The painting
is going on, and I go, and the days
go by. I drop in. The painting is
finished. "Where's SARDINES?"
All that's left is just
letters, "It was too much," Mike says.

But me? One day I am thinking of
a color: orange. I write a line
about orange. Pretty soon it is a

whole page of words, not lines.
Then another page. There should be
so much more, not of orange, of
words, of how terrible orange is
and life. Days go by. It is even in
prose, I am a real poet. My poem
is finished and I haven't mentioned
orange yet. It's twelve poems, I call
it ORANGES. And one day in a gallery
I see Mike's painting, called SARDINES.

1971

西尔维娅·普拉斯 Sylvia Plath（1932—1963）

女拉撒路[1]

我又做了一回。
每十年
我就设法做一回——

一种活生生的神迹，我的皮
亮得像纳粹的灯罩[2]，
我的右脚，

一个镇纸，
我的脸，一块没有五官的、精细的
犹太亚麻布。

剥下那头帕[3]吧，
啊，我的敌人！
我吓人吗？——

鼻子、眼窝、满嘴的牙？

---

1 据《新约·约翰福音》第11章第44节，耶稣行神迹，使病死已四天的拉撒路复活。普拉斯自比死而复活的拉撒路，只不过性别不同而已。
2 据说，德国纳粹有纳粹军官发现某犹太人背上的文身很美，就剥下来做了灯罩。
3 相传耶稣背着十字架前往髑髅地途中，有一位名叫维罗尼卡的犹太女人把自己的头帕递给他擦脸；当耶稣把头帕还给那女人时，他的面影印在了上面。

口臭
一天以后会消失。

很快,很快,墓穴
吃掉的肉就会
回到我身上,

我就是一个微笑的女人了。
我只有三十岁。
像猫一样我可以死九回[1]。

这是第三回。
每十年要清除
多大一堆垃圾啊!

好几百万的纤维啊!
嚼着花生的群众
挤进来看

他们解开我包裹着的手脚——
盛大的脱衣舞表演。
先生们,女士们,

---

1 西方迷信认为,猫有九条命。

这是我的手,
我的膝盖。
我可能是皮包骨头,

然而,我是那同样的、同一个女人。
第一回发生时我十岁。
那是一次事故。

第二回我本想
干脆一去不复返了[1]。
我像贝壳那样

晃悠悠闭合了。
他们不得不叫啊唤啊,
从我身上摘除蛆虫就像摘取黏糊糊的珍珠

死
是一门艺术,就像别的一切。
我做得格外好。

我做得感觉就像玩儿命。

---

[1] 普拉斯在二十岁左右时曾由于精神崩溃而企图自杀。

我做得感觉就像真的。
我猜你会说我有天赋。

在小屋里做够容易。
做了待着不动够容易。
倒是戏剧性的

在大白天
回归到同样的地方、同样的面孔、同样的野蛮
而兴致盎然的叫喊：

"神迹啊！"
才让我崩溃。

看一眼我的伤疤
要付费，听一听我的心跳
要付费——

还真行。

得一句话或一下触摸
或一滴血
或我的一根头发或衣服的一块布片

要付费，一大笔费用[1]。
就这样，就这样，医生先生。
就这样，敌人先生。

我成了你的杰作，
我成了你的贵重物品，
那熔化成一声惨叫的

纯金娃娃。
我辗转燃烧。
别以为我低估你极大的关切。

骨灰，骨灰——
你又戳又拨。
肉、骨头，那里什么也没有——

一块肥皂，
一枚结婚戒指，

---

[1] 自古至今西方都有天主教与民间迷信结合的圣徒和圣物崇拜；往往有所谓圣徒死后尸体多年不朽或其遗物有灵的传说，也往往有人利用这种传说赚钱。不用说，能死而复生者更是"活生生的神迹"，比死圣徒更灵验，虽然这种人不是被当成圣女，就是被当成巫女，例如法国的贞德。

一颗金牙[1]。

上帝先生,魔鬼先生,
小心,
小心!

从那骨灰中
我披着红发飞起,
我吃人就像吃空气[2]。

1962

---

1 据说纳粹用焚尸炉烧毁犹太人的尸体,然后从骨灰中寻找未烧化的金牙和金饰物之类贵重物品。
2 古埃及传说,不死鸟自焚以获得重生。据说不死鸟的羽毛是红色的;同时也可能实指诗人在现实中确实生有一头红发。但此处重生的不是不死鸟,而是美杜萨那样的食人女妖或复仇女神。

LADY LAZARUS

I have done it again.

One year in every ten

I manage it—

A sort of walking miracle, my skin

Bright as a Nazi lampshade,

My right foot

A paperweight,

My face a featureless, fine

Jew linen.

Peel off the napkin

O my enemy.

Do I terrify?—

The nose, the eye pits, the full set of teeth?

The sour breath

Will vanish in a day.

Soon, soon the flesh

The grave cave ate will be

At home on me

And I a smiling woman.

I am only thirty.

And like the cat I have nine times to die.

This is Number Three.

What a trash

To annihilate each decade.

What a million filaments.

The peanut-crunching crowd

Shoves in to see

Them unwrap me hand and foot—

The big strip tease.

Gentlemen, ladies

These are my hands

My knees.

I may be skin and bone,

Nevertheless, I am the same, identical woman.

The first time it happened I was ten.

It was an accident.

The second time I meant

To last it out and not come back at all.

I rocked shut

As a seashell.

They had to call and call

And pick the worms off me like sticky pearls.

Dying

Is an art, like everything else.

I do it exceptionally well.

I do it so it feels like hell.

I do it so it feels real.

I guess you could say I've a call.

It's easy enough to do it in a cell.
It's easy enough to do it and stay put.
It's the theatrical

Comeback in broad day
To the same place, the same face, the same brute
Amused shout:

'A miracle!'
That knocks me out.
There is a charge

For the eyeing of my scars, there is a charge
For the hearing of my heart—
It really goes.

And there is a charge, a very large charge
For a word or a touch
Or a bit of blood

Or a piece of my hair or my clothes.

So, so, Herr Doktor.

So, Herr Enemy.

I am your opus,

I am your valuable,

The pure gold baby

That melts to a shriek.

I turn and burn.

Do not think I underestimate your great concern.

Ash, ash—

You poke and stir.

Flesh, bone, there is nothing there—

A cake of soap,

A wedding ring,

A gold filling.

Herr God, Herr Lucifer

Beware

Beware.

Out of the ash

I rise with my red hair

And I eat men like air.

1962

埃瑟里奇·奈特 Etheridge Knight（1933—1991）

俳句

1

东岗楼熠熠
夕阳里；囚徒休息
似石上蜥蜴。

2

凌晨三点钟，
弹琴之人忒小气，
歌似梅子落。

3

晨曦入照斜。
醉鬼似跛蝇踉跄
在牢房地面。

4

写一支蓝调
犹如整编乌合众，
盗取墓中宝。

5

光秃胡桃树
将素描淡影滑落
在月下雪坡。

6

飘飘雪花既

不能减轻剧痛又

无钢铁冷静。

7

月下一少年

刀光闪闪切片片

星光闪闪冰。

8

八月草丛中,

被一缕斜阳照到,

破茶杯惊叫。

9

在十七音里

摆弄爵士乐**绝非**

规矩诗人事。

1968

HAIKU

1

Eastern guard tower

glints in sunset; convicts rest

like lizards on rocks.

2

The piano man

is stingy, at 3 A.M.

his songs drop like plum.

3

Morning sun slants cell.

Drunks stagger like cripple flies

On jailhouse floor.

4

To write a blues song

is to regiment riots

and pluck gems from graves.

5

A bare pecan tree

slips a pencil shadow down

a moonlit snow slope.

6

The falling snow flakes

Cannot blunt the hard aches nor

Match the steel stillness.

7

Under moon shadows

A tall boy flashes knife and

Slices star bright ice.

8

In the August grass

Struck by the last rays of sun

The cracked teacup screams.

9

Making jazz swing in

Seventeen syllables AIN'T

No square poet's job.

1968

查尔斯·西米奇 Charles Simic（1938— ）

修表

一枚小轮盘
熠熠生辉
颤巍巍就好像
一只钉住的蝴蝶。

指向八方的
表针：
人在梦魇中
踏入的
歧路。

高高在上
十二点
像一位养蜂人
统辖着密匝匝的蜂房
——那打开的手表。

其余的齿轮
或许可以装入
一颗雨珠，

各种工具
想必是北极星光的
碎片……

微型的金色磨坊
研磨着看不见的
咖啡豆。

咖啡煮沸的时候,
小心翼翼地——
以免烫着——

我们端起它
送到最近的
耳朵的
唇边。

1974

WATCH REPAIR

A small wheel

Incandescent,

Shivering like

A pinned butterfly.

Hands

Pointing in all directions:

The crossroads

One enters

In a nightmare.

Higher than anyone

Number 12 presides

Like a beekeeper

Over the swarming honeycomb

Of the open watch.

Other wheels

That could fit

Inside a raindrop.

Tools

That must be splinters

Of arctic starlight…

Tiny golden mills

Grinding invisible

Coffee beans.

When the coffee's boiling

Cautiously,

So it doesn't burn us,

We raise it

To the lips

Of the nearest

Ear.

1974

沃尔科特诗三首

导读

德瑞克·沃尔科特（Derek Walcott, 1930—2017），生于英属西印度群岛中的圣卢西亚岛（1979年独立）首府卡斯特里市，具有英国人、荷兰人和非洲黑人血统。十四岁时，他初次在报纸上发表诗作；四年后自费出版了一本小册子《25首诗》（1948）。一年后，他的第一部剧作《亨利·克里斯朵夫》（1950）上演。同年他创建圣卢西亚艺术行会，并考入本岛的圣玛丽学院，同时在牙买加的西印度群岛大学进修，1953年毕业，获文学学士学位。随后，他在圣卢西亚、格林纳达、牙买加等地任中学教师。1959年在特立尼达创建戏剧工作间，任导演达十年之久，同时为报纸撰稿，写作不辍。七十年代起以客座教授和住校诗人身份出入美国各大学，曾任教于波士顿大学创作系，夏季则回特立尼达和多巴哥度假。

沃尔科特创作颇丰，著有诗集二十余种，另外还有杂文集《曙光所说》（1998）等。对于风格的注重使得沃尔科特的诗作具有意象繁富、形式厚重、韵律和谐、用典考究等特点。有论者称其具有"伊丽莎白时代的富丽"。另有人则认为他的诗风过于"崇高炫目",以至于几乎使诗的内容变得模糊不清了。而笔者的印象是:沃尔科特的创作思路基本上是西方人的演绎式的,他的有些诗作的主题思想是简单的或概念性的,尽管他颇善于组织、铺陈感性意象。他的成功部分在于,他用熟练掌握的一种国际性语言给那些"旅游者"生动地描述了他生长于斯的岛国风情和历史,以深刻的透析和巧妙的类比赢得了他们的理解和同情。这需要有高度的技巧和对两种文化的深切了解。瑞典学术院在1992年授予沃尔科特诺贝尔文学奖时称其诗作"大量散发着光彩,且深具历史眼光,是多元文化撞击下的产物"。

《德瑞克·沃尔科特诗选》(河北教育出版社,2003)是中国大陆第一本汉译沃尔科特诗集。由于研究不足,率尔操觚,以致错谬百出。承蒙识者公开指正,感愧无地。以下所选均为有误之译,于兹改正,以示不忘前事之意。

德瑞克·沃尔科特 Derek Walcott（1930—2017）

海风[1]

笑声短促、皮肤和头发蜂蜜色、
总是有钱的K。在什么年代，什么样的海滨凉阴里，
她一直散发着那么强烈的温柔气息，
以至于我无法眺望明亮的海水而不想起她
和那个晴朗的早晨：当时她伴着大海
咸涩的音乐，唱着哦罕见的
本[2]的歌词"蜜蜂的口袋"
和"火中的松香"

              "火中的松香"，
那吹乱每绺蜂蜜色发卷的清风，
           那火是在什么年代？
随时光变暗淡的少女的脸，遍体金色的安德丽欧叶[3]……
星期天。草叶透过即将崩坍的码头窥视。
树林里的餐桌，好像进入雷诺阿[4]。
    现在我既无钱又无权……[5]

---

1 标题原文为法语。
2 指英国剧作家、诗人本·琼森（1572—1637），其墓碑铭文曰"罕见的本"。以下两个短语出自其诗作《你可曾见过明艳的百合花生长》。
3 安德丽欧叶·阿尔赛：沃尔科特的初恋情人。
4 彼埃尔·奥古斯特·雷诺阿（1841—1919）：法国印象主义画家。此处指他的绘画作品。
5 此句原文为法语。

可是当日光正透过稀疏的发丝沉落时,
在什么样的树林边,什么样的老墙下握着谁的手。

两个诚实的女人,天哪,她们哪里去了?
出离了那惊奇,我还回忆什么?
夜暗聚拢在渔夫的桨上。
水声啃啮着明亮的礁石。

1962

BRISE MARINE

K with quick laughter, honey skin and hair,
and always money. In what beach shade, what year
has she so scented with her gentleness
I cannot watch bright water but think of her
and that fine morning when she sang O rare
Ben's lyric of "the bag o' the bee"
and "the nard in the fire"
                                          "nard in the fire"
against the salty music of the sea
the fresh breeze tangling each honey tress
                              and what year was the fire?
Girls' faces dim with time, Andreuille all gold…
Sunday. The grass peeps through the breaking pier.
Tables in the trees, like entering Renoir.
Maintenant je n'ai plus ni fortune, ni pouvoir…
But when the light was setting through thin hair,
Holding whose hand by what trees, what old wall.

Two honest women, Christ, where are they gone?
Out of that wonder, what do I recall?
The darkness closing round a fisherman's oar.
The sound of water gnawing at bright stone.

        1962

哀歌

我们的吊床摇晃在两个美洲之间,
我们想念你,自由之神。切[1]
被子弹打得像筛子似的身体倒下,
那些曾经呼喊共和国必须先死
而后再生的人们已死,
头脑中惦记着生而自由的公民的选票。
然而,人人仍想跟美国小姐
上床。而且,要是没有面包的话,
就让他们吃樱桃馅饼。

可是逃跑那古老选择,嚎叫着,受了伤,
狼似的深潜在她的森林里,
而白纸还在雪片般纷纷扬扬,
种族灭绝已成过去;
没有一张面孔能够掩藏
其公开的、私人的痛苦,
畏缩之际,已被塑成雕像。

---

[1] 切·格瓦拉(1928—1967):古巴革命领导人。

留在她脑中的碎箭头

使那黑歌手在他的熊陷阱中嚎叫,

使年轻的眼睛像疯子的眼睛那样发亮,

以她残余的悲哀使老年人厌倦;

年年丁香花在她的庭院开放[1],

樱桃园的花浪

使华盛顿目眩,在他那

布置成理想美国样子的房间里

对刺客低语,闪烁的屏幕

显示,群群夏延人[2]的鬼魂缓缓地

拖着窃窃私语、裹着破布的脚

走过布满木桩和铁丝网的平原,

同时农场主夫妇镶在他们的哥特式门框里,

好像喀尔文的圣徒,刻毒、务实、可怜,

紧握着魔鬼的叉子,

僵直地凝望着不朽的麦子。

1968年6月6日

---

1 美国诗人沃尔特·惠特曼(1819—1892)写有一首哀歌《最后的丁香花在庭院开放的时候》(1865),悼念遇刺的亚伯拉罕·林肯总统。
2 北美洲印第安人的一个部族。

ELEGY

Our hammock swung between Americas,

we miss you, Liberty. Che's

bullet-riddled body falls,

and those who cried, the Republic must first die

to be reborn, are dead,

the freeborn citizen's ballot in the head.

Still, everybody wants to go to bed

With Miss America. And, if there's no bread,

Let them eat cherry pie.

But the old choice of running, howling, wounded

wolf-deep in her woods,

while the white papers snow on

genocide is gone;

no face can hide

its public, private pain,

wincing, already statued.

Some splintered arrowhead lodged in her brain
Sets the black singer howling in his bear trap,
shines young eyes with the brightness of the mad,
tires the old with her residual sadness;
and yearly lilacs in her dooryards bloom,
and the cherry orchard's surf
blinds Washington and whispers
to the assassin in his furnished room
of an ideal America, whose flickering screens
show, in slow herds, the ghosts of the Cheyennes
scuffling across the staked and wired plains
with whispering, rag-bound feet,

while the farm couple framed in their Gothic door
like Calvin's saints, waspish, pragmatic, poor,
gripping the devil's pitchfork
stare rigidly towards the immortal wheat.

6 June 1968

切[1]

在这幅暗纹的新闻照片里——其亮处
是呆板的构图,就像卡拉瓦基奥[2]的——
那尸体在它那冰凉的祭坛上闪着蜡烛白光——

它那玻利维亚印第安人屠夫的石砧板
凝视着,直到它蜡黄的皮肉开始硬化
成石,成为有纹理的安第斯白铁;
从你自己的恐惧中,杂种[3],长出它的苍白;

它从你的疑虑中踉跄跌出,为了宽恕你
而在褐色的垃圾中燃烧,远离防腐的雪。

1969

1　古巴革命领导人切·格瓦拉于 1967 年被玻利维亚军队逮捕并处死。陈放在石板上的尸体的照片在全世界广泛流传。
2　米开朗琪罗·美里西·达·卡拉瓦基奥(1571—1610):意大利画家。
3　此词原文为西班牙语。

CHE

In this dark-grained news photograph, whose glare
is rigidly composed as Caravaggio's,
the corpse glows candle-white on its cold altar—

its stone Bolivian Indian butcher's slab—
stare till its waxen flesh begins to harden
to marble, to veined, white Andean iron;
from your own fear, *cabrón*, its pallor grows;

it stumbled from your doubt, and for your pardon
burnt in brown trash, far from the embalming snows.

1969

艾略特诗十一首

导读

托马斯·斯特恩斯·艾略特(Thomas Stearns Eliot, 1888—1965),现代主义代表诗人、评论家、剧作家。生于美国。在哈佛大学获哲学硕士学位。1914年赴英国求学,开始文学生涯。1927年加入英国国籍和国教会。自称"在文学上是古典主义者,政治上是保皇党,宗教上是英国天主教徒"。1948年获诺贝尔文学奖。早年杰作长诗《荒原》内容庞杂、意义隐晦、用典繁多,暗示现代人精神异化、文明衰朽的危机,开欧美现代派一代诗风。中、晚期向正统基督教靠拢,艺术也趋于回归传统。代表作有《圣灰星期三》《四个四重奏》等。他是二十世纪前期最有影响的英国诗人,他的名字几乎成了英语诗歌中现代主义的同义语。

拙译《〈磐石〉中的合唱词》最初发表于《诗歌月刊》(下半月刊)2008年第10期;《老负鼠的群猫英雄谱》最初发表于《世界文学》双月刊2009年第1期。二者后均收入陆建德主编的《艾略特文集·诗歌》(上海译文出版社,2012)。

基督教圣经《新约·马太福音》第七章第廿四至廿七节载,耶稣作

"登山宝训"云:"所以凡听见我这话就去行的,好比一个聪明人,把房子盖在磐石上。雨淋,水冲,风吹,撞着那房子,房子总不倒塌,因为根基立在磐石上。凡听见我这话不去行的,好比一个无知的人,把房子盖在沙土上。雨淋,水冲,风吹,撞着那房子,房子就倒塌了,并且倒塌得很大。"已皈信英国国教的大诗人托·斯·艾略特参与创作的剧本《磐石》即基于此典故。该剧是应伦敦主教区下辖四十五教堂基金会委托而作,于1934年5月28日至6月9日在伦敦沙德勒之井剧院上演,为修建教堂募捐。剧本未收入艾氏剧作集,其中的合唱词则收入艾氏诗全集,因为艾氏认为只有这些部分才真正是他自己的创作。他在1934年5月出版的《磐石》单行本前言中说明:该剧剧情梗概是由E. 马丁·布朗根据某神父的建议执笔创作的;艾略特则在布朗的指导和评点下写作了合唱词和对话及其中的一场戏;另外,文森特·豪森神父还修改或重写了部分对话。

"磐石"是剧中人物之一,即耶稣首徒圣彼得。他原名西门,是个渔夫,皈信耶稣后,耶稣赐名彼得,意思是磐石,预示他将成为基督教的根基。耶稣升天后,彼得首次在耶路撒冷布道,就使三千人受洗,皈依基督教。所以,他被认为是基督教会的创始人,亦即奠基的磐石;罗马天主教奉他为首任主教(教皇);死后被神化为天国的守门人。该剧以时空交错的手法叙述了在现代伦敦兴建一座教堂/教会(英语中是同一词)的故事,其间穿插有一些历史和圣经传说场景。虽说剧情是预设的,剧本犹如命题之作,但其中的合唱词确乎表达了艾略特晚期的社会、文化和宗教观;其艺术风格仍一如旧贯,古今雅俗拼贴,独白雄辩杂糅,力度非凡,不失大师风范,只是也许由于文体和创作目的所限,较诸其他作品,不免多些说教成分,也更浅显易懂。

合唱是源于古希腊戏剧的一种形式,原来是戏剧的主要部分,由一群演员边舞蹈边演唱;后来逐渐退居从属地位,变成起串联作用的过场和评介剧情的旁白,表演方式也从配乐歌唱变成朗诵。艾略特所作这组合唱词贯串全剧,是该剧主题的点睛之笔,也印证了他的自况:文学上的古典主义者、政治上的保皇党人、宗教上的英国天主教徒。

《老负鼠的群猫英雄谱》是一组艾略特应友人之请所作的轻松谐趣诗,1939年出版单行本诗集。安德鲁·韦伯的音乐歌舞剧《猫》(1981)即据此诗集谱曲,其中还包括若干因诗人自觉不满意而未收入此诗集的诗作,如著名唱段《记忆》。"老负鼠"是另一位美国诗人埃兹拉·庞德给作者艾略特取的绰号,原文possum有"装傻充愣、大智若愚"的含义,若按拉丁语理解,则有"能干"的意思。原文practical cats意谓"手巧能干的、有一技之长的猫",故意译如题。诗集共收诗十五首,差不多一首诗写一种猫。《咕噜虎的最后立脚点》是其中的第三首诗。

《磐石》中的合唱词

一

雄鹰翱翔在天宇之顶，
猎户和猎犬循环追逐。
啊，有序群星的永久轮转；
啊，有定季节的永久轮回；
啊，春与秋、生与死的世界！
思想和行动的无尽轮换，
无尽的发明，无尽的实验，
带来运动的，而非静止的知识；
发言的，而非沉默的知识；
对可道的知识，和对常道的无知。
我们的一切知识都使我们更接近无知，
我们的一切无知都使我们更接近死亡，
可是接近死亡并不更接近上帝。
我们在生活中丢失的生命何在？
我们在知识中丢失的智慧何在？
我们在信息中丢失的知识何在？
两千年天宇的轮转
使我们离上帝更远，离尘土更近。

托马斯·斯特恩斯·艾略特 Thomas Stearns Eliot（1888—1965）

我旅行到伦敦，到那气数将尽之城，
那里河水流淌，载着外国的漂浮物。
在那里我被告知：我们有太多教堂，
太少餐馆。在那里我被告知：
让牧师们退休吧。在工作的地方
人们不需要教堂，在过礼拜天的地方才需要。
在这城里，我们不需要教堂钟：
让钟声去唤醒郊区吧。
我旅行到郊区，在那里我被告知：
我们劳作了六天，第七天我们必须开车
去鹿回头，或去女儿愁。
要是天气不好，我们就待在家里读报。
在工业园区，在那里我被告知
经济法规。
在令人愉悦的乡下，那里似乎
现在只适于野餐了。
在乡下或在郊区，似乎
都不需要教堂；在城里
只用于举行重要的婚礼。

领唱：

肃静！请保持示敬的距离。
我预感"磐石"就快

来了。他或许会解答我们的疑问。

"磐石"。那守望者。那陌生人。

他，看见过发生过的事情，

能预见即将发生的事情。

那见证者。那批评者。那陌生人。

那亲近过上帝者，真理在他内心与生俱来。

"磐石"由一**男童**引领而入。

磐石：

人的命运是无休止的劳作，

或无休止的清闲——那更难受，

或不定时的劳作——这令人不快。

我一直在独自踩踏榨汁器；我知道

做个真正有用的人很难，舍弃

人们视为幸福的事物，追求

导致默默无闻的善行，以平等的脸色

接待带来当众羞辱、全体喝彩

或乌有之爱的人们。

所有人都乐于投资，

但多半期望分红。

我对你们说：完成你们的心愿！

我说：别想收获，

只管播种。

世界旋转,世界变幻,
但有一事不变。
在我有生以来,有一事不变。
无论你们如何掩饰,此一事不变:
善与恶的永恒争斗。
由于善忘,你们忽视你们的神龛和教堂;
你们是这近代之人,嘲弄
一切曾有的善行义举;你们寻找解释
以满足理智且经过启蒙的头脑。
其次,你们忽视且小看沙漠。
沙漠不在遥远的南方热带;
沙漠不仅就在拐角那边;
沙漠还被挤进与你相邻的地铁车厢里;
沙漠在你兄弟的心里。
善人就是建造者,如果他建造善业。
我要给你们展示现在正在做的事情,
还有很久以前就已做过的一些事情,
好让你们有信心。完成你们的意愿。
让我来给你们展示谦卑者的工作。听。

灯光变暗;半明半暗中可听见众**工人**的声音在唱诵。

在空荡荡的地方

我们将用新的砖头建造

有人手和机器

用泥土造新的砖头

用石灰造新的灰泥

在砖头已倒塌的地方

我们将用新的石头建造

在木板已腐朽的地方

我们将用新的木料建造

在大道不曾宣讲的地方

我们将用新的言语建造

有大家合作的工作

所有人共有的教堂

每个人都有的分工

人人都致力于工作。

此时苍茫的天空衬托出一群**工人**的剪影。从更远处,失业者的声音回答他们。

一直没有人雇用我们

我们双手插在衣袋里

低垂着脸面

散立在露天地里

在无灯的屋里发抖。

只有风吹过
旷野,无人耕作,
犁铧歇着,与犁沟
形成夹角。在这块土地上
将只有一根香烟两个男人分,
两个女人分半罐苦
艾酒。在这块土地上
一直没有人雇用我们。
我们的生不受欢迎,我们的死
在《泰晤士报》上提都不提。

工人再度唱诵。
河水流淌,季节轮回,
麻雀儿和燕八哥没有时间可浪费。
要是人们不建造
他们将怎样生活?
田野一旦被耕耘
小麦变成了面包
他们就不会死在截短的床上
和狭窄的被单下。在这条街道上,
没有开头,没有运动,没有安宁,没有结尾,
只有没有言语的噪音,没有滋味的食物。
无须耽搁,无须匆忙

我们要建造这街道的开头和结尾。

我们建造下列意义:

所有人共有的教堂

每个人都有的分工

每个人都致力于工作。

二

就这样你们的祖先被造就成

圣徒的同城居民,同住在上帝之家,那房子的基础

是使徒和先知,耶稣基督本身是首要的奠基石。

可是你们,你们可曾好好建造,以至现在无助地坐在毁坏的房
　　子里?

在那里许多人生来游手好闲,生得委琐,死得齷齪,在无蜜的
　　蜂房里遭受苦涩的鄙薄;

那些愿意建造和修复的人们伸出他们的手掌,或者徒劳地眼望
　　异国外邦,企求施舍增多或盂钵盛满。

由于你们的建筑没有合适地构造在一起,你们满怀羞愧地坐着,
　　不知道你们是否以及如何才可以被造就成一体,成为圣灵中
　　的上帝的一处居所——那圣灵曾运行在水面上, 像一盏驮在
　　乌龟背上的灯。

有人说:"我们怎能爱我们的邻居?因为爱必须在行动中实现,
　　就像欲望与可欲结合;我们只有劳作可以付出,而我们的劳
　　作无人需要。

我们在街角等待,没有什么可带,只有我们会唱的歌,可无人

想听；

等待着最终被抛弃，到比粪堆还要无用的堆上。"

你们，谈论着人们之间的正确关系，而不是人对于上帝的关系，
你们可曾好好建造，你们可曾忘记那奠基石？
"我们的民籍在天国。"对，可是那正是你们在地上做居民的
　　模范榜样。

你们的祖先修建好上帝的居所，
安顿好所有不便安置的圣徒、
使徒、殉道者，类似惠普斯内德动物园[1]那样，
然后他们就能够在工业发达的伴随下
着手进行帝国的扩张。
输出钢铁、煤炭和棉花产品
以及知识的启蒙
等等一切，包括资本
和若干版本的上帝之道：
不列颠民族有确定的使命感，
实干起来毫不含糊，但在国内却留下诸多的不确定。

过去所造作的一切，你们只吃成果，腐烂的也好，成熟的也罢。

---

[1] 1931年，伦敦动物园在惠普斯内德购得近五百英亩土地，辟为露天的动物繁殖保护区。

而教堂必须永远在建造，总是朽坏，总是被修复。

为以往每一桩恶行，我们都承受其恶果：

为懒惰，为贪财、好吃、忽视上帝之道，

为傲慢，为淫荡、不忠，为每一项罪行。

过去所造作的善业，你们都继承其福报。

因为一个人茕茕孑立在死亡的那一边时，善事恶行都只属于他
　一人，

但是在这尘世之上，你们都拥有前人所做善事恶行的业报。

如果你们在谦卑的悔罪中同行，赎取着你们祖先的罪孽，坏掉
　的一切你们就可以修复；

你们必须为保存过去所有好的一切而战，要像你们的祖先为获
　得它们而战那样诚心诚意。

教堂必须永远在建造，因为它永远从内部朽坏着，从外部遭受
　着攻击；

因为这就是生活的法律；你们必须记住，繁荣兴旺的时代，

人们会忽视圣殿；多灾多难的时代，他们又会诋毁它。

假如你们没有共同的生活，你们会有什么样的生活？

没有什么人的生活不是在社会群体之中的，

没有什么社会群体不曾在对上帝的赞美之中存活。

就连独居冥想的隐修士——

日夜都为他重复对上帝的赞美——

也为教会，基督的化身，祈祷。

而现在你们散居在狭长如带的路上，
无人知道或关心谁是谁的邻居，
除非邻居过分烦扰，
而都驾驶着汽车往来奔突，
熟悉公路却无处定居。
家人甚至不一块儿活动，
而是每个儿子都要有自己的摩托车，
女儿们则随随便便坐在后座上疾驶而去。

许多东西要抛弃，许多要建造，许多要修复；
别耽误这工作，别浪费时间和臂力；
把泥土从坑里挖出来，用锯子锯开石头，
别让熔炉里的火熄灭！

三

主的道降临于我，说：
可怜的诸城中心思工巧的人们呵，
不幸的一代思想开悟的人们呵，
在你们的聪明才智的迷宫中遭到背叛者，
被你们的发明本身赚得的金钱所出卖者：
我赐给了你们双手，你们不用来做礼拜，
我赐给了你们言语，却用以无尽的争吵，
我赐给了你们我的律法，你们却建立起各级教会，
我赐给了你们嘴唇，却只用以表达友情，

我赐给了你们心,却用于相互的不信任。
我赐给了你们选择的能力,你们却只是在
无用的沉思和不假思索的行动之间轮换。
许多人忙于写书和出版书,
许多人渴望看到自己的名字变成铅字,
许多人除了赛马报道什么也不读。
你们阅读得很多,但不读上帝之道;
你们建造得很多,但不造上帝之家。
你们会给我建造一座塑料房子,用石棉瓦盖顶,
里面填满周日报纸的垃圾吗?

第一男声:

来自东方的一声喊:
将要拿散布着冒烟船只的海滩怎么办?
你们将要把我善忘且已被遗忘的人民留给
清闲、劳作和谵妄的昏聩么?
在一条砖头乱堆的街道上将剩下
残破的烟囱、剥了皮的龙骨、一堆生锈的铁,
在那里,山羊爬高,
在那里,我的道无人宣讲。

第二男声:

来自北方、西方和南方——

从那里，成千上万的人每天都旅行到这气数将尽之城；
在这里，我的道无人宣讲，
在那遍布着半边莲和网球绒的土地上，
兔子将打洞，荆棘将重返，
荨麻将在碎石铺就的场院上茁长——
风将会说："这里曾有过体面的不信神之人：
他们唯一的纪念碑是柏油路
和一千个丢失的高尔夫球。"

合唱：
除非主与我们共建，我们建了也是白建。
主若不与你们共有，你们可能保有这城市？
一千个指挥交通的警察
也无法告诉你，你为何而来，或向何处去。
一批天竺鼠或一群活跃的土拨鼠
比无主相助的人们建造得更好。
我们将在永久的废墟中间举足而行吗？
我曾经热爱您的房屋之美，您的圣所之安宁，
我曾经扫地和擦拭圣坛。
没有圣殿的地方就没有家园，
尽管你们有住处和机构，
付租金才可以住的日益破败的出租房，
耗子滋生的日益沉陷的地下室

或门上有编号的卫生隔间
或比邻居家稍好的房子；
若是那陌生人问："这城市的意义何在？
你们紧密地聚居在一块是因为你们彼此相爱吗？"
你们将怎样回答？"我们住在一块
都是为了赚彼此的钱"？还是"这是一个社区"？
那陌生人将会离去，回到沙漠。
我的灵魂啊，为了那陌生人的到来做好准备吧，
他懂得如何提问，为他做好准备吧。

倦怠的人们啊，你们背弃上帝
热衷于你们的头脑的伟大和行动的光荣，
热衷于艺术、发明和冒险的事业，
热衷于令人难以置信的表现人类之伟大的计划，
把土和水捆绑在一起为你们所用，
利用海洋，开发山区，
把星球分成普通的和特别的，
忙于设计完美的冰箱，
忙于构想理性的道德，
忙于印制尽量多的书籍，
谋划幸福，抛掷空酒瓶，
为了国家或民族或你们所谓的人类
从你们的空虚转向火热的激情；

虽然你们忘却了通往圣殿的大道,
但是有一人记得通往你们家门的道路:
生活你们可以逃避,可是死亡你们逃避不了。
你们将不会不认那陌生人。

四

有人愿意建造圣殿,
有人情愿圣殿还是不建为好。
在先知尼希米的时代,
总体的规则没有例外。
在书珊城的宫中,在尼散月[1],
他在亚达薛西王面前摆酒;
他为那毁坏的耶路撒冷城发愁;
王恩准他告假离开,
好去重建圣城。
于是他带了几个人,去了耶路撒冷;
那里,龙井边,粪厂门旁,
泉门旁,王池边,
耶路撒冷遭火焚毁,一派荒凉;
走兽都无路可过。
他和手下人着手重建城墙的时候,
外部有敌人要消灭他,

---

[1] 犹太历世俗年的七月,宗教年的元月,相当于公历的三四月间。希伯来先知尼希米重修耶路撒冷城和圣殿,事见《旧约·尼希米记》。

内部有奸细和谋私利者。

所以他们必须这样建造：

一手拿剑，一手拿泥瓦刀。

五

主啊，把我从用意良好而心地不纯的人类那里解救出来吧：因为心地是超乎一切之上最善于欺诈的，是穷凶极恶的。

和伦人参巴拉、亚扪人多比雅、阿拉伯人基善：无疑是有公众精神和热忱之人。

保护我啊，让我远离欲有所得的敌人，也远离欲有所失的朋友。

牢记先知尼希米的话："把泥瓦刀拿在手，把枪套解开。"

那些坐在一所其功用已被遗忘了的房子里的人：好像躺在正在朽坏的楼梯上，心满意足地晒太阳的蛇。

其他人像狗一样四处奔跑，雄心勃勃，嗅着吠着，他们说："这房子是个蛇窝，咱们来摧毁它，

清除基督徒的这些可憎、恶劣的玩意儿吧。"这些人是不对的，其他人也是不对的。

他们还写了数不清的书；太虚荣太浮躁而无法静默：在每个人那里寻找机会抬高自己，躲避自己的空虚。

如果谦卑和纯洁不在心里，它们也不在家里：如果它们不在家里，它们也不在城里。

白天参加建造的人想在傍晚回到家里：得享静默之福气，在睡觉之前在壁炉前打个盹儿。

可是我们被蛇和狗包围着：所以有些人必须劳作，其他人则必

须紧握枪杆。

六

从来也不了解迫害为何物的人们,
从来也不认识一个基督徒的人们,
难以相信这些基督徒受迫害的故事。
住在银行附近的人们
难以怀疑他们的钱不安全。
住在警察局附近的人们
难以相信暴力的胜利。
你们以为信仰已征服了世界,
狮子不再需要驯养人了吗?
你们需要人告知,曾经有过的一切,还依然会有吗?
你们需要人告知,就连你们能够以彬彬有礼的方式
吹嘘的如此微不足道的成就
也难以比赋予其意义的信仰存活得更久吗?
男人啊!作息之际刷亮你们的牙齿;
女人啊!磨光你们的指甲:
你们磨砺犬牙和猫爪。
人们为什么该爱教会?他们为什么该爱她的律法?
她告知他们生死之义,以及他们会忘记的一切。
他们强硬之处她软和;他们软弱之时她强硬。
她告知他们恶与罪,以及其他令人不快的事实。
通过梦想完美得无人需要修行向善的体系,

他们不断地试图逃避
身心内外的黑暗。
可是真实存在之人将遮蔽
假装存在之人。
并非人子一劳永逸地受了钉刑，
并非殉道者的鲜血一劳永逸地抛洒，
并非圣徒的生命一劳永逸地献出：
而是人子永远在受钉刑，
还将会有殉道者和圣徒。
假如殉道者的鲜血将要流淌在台阶上，
我们就必须先建造台阶；
假如圣殿将被摧毁，
我们就必须先建造圣殿。

七

太初，上帝创造了世界。荒凉而空虚。荒凉而空虚。黑暗在深渊之上。
有了人的时候，他们以各种各样的方式，盲目而徒劳地在痛苦的煎熬中挣扎着
趋向上帝，因为人是无用之物；人没有上帝就是风中的种子：被吹来吹去，找不到栖身和发芽之地。
他们追随光和影；光引领他们前行至光，影引领他们至黑暗，
敬拜蛇或树，敬拜魔鬼而非虚无：渴望生外之生，渴望非肉体的至福。

荒凉而空虚。荒凉而空虚。黑暗在深渊之上。
圣灵运行在水面之上。
转身向光且被光认得的人
发明了种种高尚的宗教；高尚的宗教是好的，
引领人自光至光，明辨善恶。
可是他们的光总是被黑暗包围和射穿，
就像温带海面上的空气被北极洋流的僵死气息刺破；
他们归于终结，一个曾被生的微光短暂照亮的死的终结；
他们归于一个死于饥饿的孩子那枯萎苍老的面容。
在无休无止被风鞭打的沙漠里或劲风不让雪积的群山中，
转经轮、亡灵崇拜、弃绝此世、其含义已被遗忘的庄严祭仪。
荒凉而空虚。荒凉而空虚。黑暗在深渊之上。

然后，在一个前定的时刻，来了一个处于时间之中且属于时间
　　的时刻，
一个不在时间之外，而在时间之中，在我们所谓的历史之中的
　　时刻：把时间的世界拦腰分割成两半，一个处于时间之中的
　　时刻却又不像属于时间的时刻，
一个处于时间之中的时刻，但是时间却是通过那一时刻造就的：
　　因为没有意义就没有时间，而那属于时间的时刻给出了意义。
于是，似乎人们必须通过基督受难和克己为生而节省下的牺牲，
在上帝之道的光中，从光前行至光；
一如既往地无异于禽兽，一如既往地贪恋肉欲、追逐私利，一

如既往地自我和昏聩,
但总是努力奋斗,总是反复更始,总是重新行进在被光照亮的
　　道路上;
往往中途停顿,踯躅不前,离群失队,迁延耽搁,退步回头,
　　但不会走别的路。

可是似乎发生了什么以前从未发生过的事情:尽管我们不知道
　　在何时,或为何,或如何,或在何地。
他们说,人们离开上帝,不是去拜别的神,而是什么神都不拜;
　　这在以前从未发生过——
人们既否认诸神又敬拜诸神,先是讲授理智,
然后是金钱、权力和他们所谓的生活,或民族,或辩证法。
教堂不要了,钟楼推倒了,钟铎掀翻了,
在一个向后进步的时代里,
除了站在那里,两手空空,手心朝上,我们得做些什么?

失业者的声音(远远地):
　　　　　　在这块土地上
将只有一根香烟两个男人分,
两个女人分半罐苦
艾酒。……
合唱:
这世界怎么说,全世界都乘着大马力汽车在环城公路上乱跑吗?

失业者的声音（越来越小）：

在这块土地上

一直没有人雇用我们。……

合唱：

  荒凉而空虚。荒凉而空虚。黑暗在深渊之上。

  当此之时，教堂不再被理睬，甚至不再被反对，人已经忘却

  除了高利贷、肉欲和权力之外的一切诸神，

  是教会辜负了人类，还是人类辜负了教会？

八

  神父啊，我们欢迎您的话；

  我们要牢记过去，

  鼓起勇气面向未来。

  异教徒已入于我主之遗产中，

  我主之圣殿已遭彼亵渎。

  来自以东[1]者此何人也？

  他一直独自踩踏榨汁器。

  那边来了一人，说起耶路撒冷的耻辱

  和遭到亵渎的圣地；

---

1 圣经中地名，在死海以南，相传为以撒的长子以扫所居之地，见《旧约·创世记》。

隐修士彼得[1],用话语鞭打着人。
他的听众中有一小部分是好人,
许多是坏人,
大部分既不好也不坏。
就像所有地方的所有人,

有的人去是出于对荣誉的热爱,
有的人去是由于不安和好奇,
有的人是贪财好色的。
许多人把身体留给了叙利亚的风筝
或沿途被海水掩盖;
许多人把灵魂留在了叙利亚,
继续活着,沉沦在道德败坏之中;
许多人回来身无分文,
罹患疾病,沦为乞丐,发现
陌生人占据了自己的家门:
回到家来时,已被东方的阳光晒裂,
被叙利亚的七重罪碾碎。
但是我们的王在亚柯[2]统治有方。
尽管在一地又一地,
尊严丧尽,准则败坏,

---

1 隐修士彼得(1050—1115),法兰西天主教修士,曾煽动成千上万欧洲农民参加第一次十字军东征。彼得,意思是磐石。
2 以色列西北部沿海古城,1104年被十字军占领,成为其国都。

生活败坏，信仰败坏，
还有比老人在冬夜里讲的故事
更有意义的东西留下来。
唯有信仰能够实现它的积极意义；
一小部分人的全部信仰，
许多人的部分信仰。
不是贪财、好色、不忠、
觊觎、懒惰、贪食、嫉妒、骄傲[1]：
不是这些造就了十字军骑士，
而是这些毁掉了他们。

记住那信仰吧，它曾促使人们
在一位游方布道者的召唤下离开家园。
我们的时代是一个美德平庸
恶行也平庸的时代，
此时人们不会放下十字架，
因为他们从来就不会背起它。
但是对于有信仰和信念的人，
没有什么是不可能的，没有。
所以，让我们来完成我们的心愿。
上帝啊，帮帮我们!

---

[1] 基督教所谓七重罪（七种致命的大罪）一般指：骄傲、贪财、好色、嗔怒、贪食、妒忌、懒惰。

九

人子啊,用您的眼看,用您的耳听,
把您的心放在我给您看的一切之上。
这是谁?曾如是说:上帝的房屋是座悲哀的房屋;
我们必须身着黑衣而行,中心哀戚,面色阴沉;
我们必须行走在空空的墙壁之间,躬身颤抖着,小声耳语着,
在数点分散而闪烁不定的灯光中间。
他们在忙于日常事务之时,会把自己的悲哀——
他们应为自己的罪过感到的哀愁——放到上帝身上。
然而他们昂首阔步走在大街上,好像准备赛跑的纯种马,
盛装修饰着,忙碌于市场、广场
和所有其他的世俗集会。
自我感觉良好,随时准备参加任何庆典聚会,
对待自己非常之好。
咱们来在一个私密的房间里伤悲,学习悔过的方法吧,
然后再来学习圣徒们欢喜的交流方式吧。

人的灵魂必须赶紧趋向创造。
当艺术家将自己与石头合为一体时,从形状不规整的石头里,
从与石头的灵魂相结合的人的灵魂里,总会迸发出新的生命
   形式;
从与艺术家的眼睛相遇的一切生物或无生物的
无意义的实际形状里,迸发出新生命、新形式、新色彩。

从声音的海洋里,迸发出音乐的生命;
从词语的黏滑淤泥里,从模糊不清的词语的冻雨和冰雹、
似是而非的思想和感情、取代思想和感情的位置的词语里,
迸发出言辞的完美秩序,还有诵唱之美。

主啊,我们不该把这些礼物献给您吗?
我们不该献给您我们用来维持
生命、尊严、优雅和秩序,
以及感官的理性之乐的一切力量吗?
曾经创造的主必定希望我们去创造,
再用我们的创造为他效命;
创造过程中已经是在为他效命了。
因为人是由灵魂和肉体合成,
所以必须灵肉合一来效劳。
可见的和不可见的,两个世界在人身上会合;
可见的和不可见的必须在主的圣殿中会合;
你们不可不认肉体。

在许多努力之后,在许多阻碍之后;
现在你们将眼看圣殿建成:
因为创造之功从不会不劳而获;
成形的石头、可见的基督受难像、
装饰一新的圣坛、高悬的灯光,

光

光

可见的光——令人想到不可见的光。

✝

你们已眼见这房屋建成,你们已眼见它
由夜里来的一个人装饰好,现在献给了上帝。
它现在是一座可见的教堂,又一盏灯光安置在一座山上,
在一个混乱、黑暗、被恐惧的征兆搅扰的世界里。
我们对于未来有何可说?我们能够建造的就只是一座教堂?
或者说这可见的教堂将继续去征服世界?

那巨蛇永远半醒着,卧在世界的坑穴底下,盘绕
折叠,直到饿醒,左右摆动着脑袋,伺机吞噬。
可是不公之神秘对于肉眼凡胎是一个深不可测的坑穴。你们
快出来,离开那些珍视那蛇的金眼之人,
蛇的崇拜者、自愿献身的牺牲者。走
你们自己的路,独立不群。
不要对善恶太过好奇;
不要试图计数未来的时光之潮;
而要满足于你们拥有足够的光

可以照亮你们的脚步，找到你们的立足之处。

不可见的光啊，我们赞颂您！
您对于凡胎肉眼太过明亮。
更伟大的光啊，我们替较小的光——
清晨我们的塔尖触及的东方的光、
傍晚斜照在我们的西门上的光、
蝙蝠飞翔的时辰浮荡在静静池水上的微光、
月光和星光、猫头鹰和飞蛾的光、
草叶上萤火虫的亮光——赞颂您。
不可见的光啊，我们礼拜您！

我们感谢您，为了我们已点亮的光，
圣坛和神龛的光；
在夜半冥思的人们的小光；
直透过彩色窗玻璃的光；
磨光的石头、描金的木雕、
彩绘的壁画反射的光。
我们凝视水下，我们仰望天空，
看见透过不平静的水而分散的光。
我们看见光但看不出它从哪里来。
不可见的光啊，我们荣耀您！

在我们俗世生活的节奏里，我们厌倦光。白天结束时，游戏结束时，我们感觉愉快；极乐即太多的痛苦。

我们是很快就疲累的儿童：熬夜不睡，焰火点燃时却睡着了的儿童；用来工作或游戏的白天太长。

我们厌倦烦乱走神或专心致志，我们睡觉且乐于睡觉，

受控于血液、日夜和季节的律动。

我们必须熄灭烛火，把光灭掉再点亮；

必须永远扑灭，永远重新点燃那火焰。

因此我们感谢您赐给我们这微光，虽然它缀有阴影。

我们感谢您驱使我们运用自己的手指和眼光去建造、发现、组织。

我们为不可见的光建好了圣坛之后，就可以把我们的凡胎肉眼可见的小光安置在上面。

我们感谢您，因为黑暗让我们想起了光。

不可见的光啊，我们因为您伟大的荣耀而感谢您！

CHORUSES FROM "THE ROCK"

I

The Eagle soars in the summit of Heaven,

The Hunter with his dogs pursues his circuit.

O perpetual revolution of configured stars,

O perpetual recurrence of determined seasons,

O world of spring and autumn, birth and dying!

The endless cycle of idea and action,

Endless invention, endless experiment,

Brings knowledge of motion, but not of stillness;

Knowledge of speech, but not of silence;

Knowledge of words, and ignorance of the Word.

All our knowledge brings us nearer to our ignorance,

All our ignorance brings us nearer to death,

But nearness to death no nearer to God.

Where is the Life we have lost in living?

Where is the wisdom we have lost in knowledge?

Where is the knowledge we have lost in information?

The cycles of Heaven in twenty centuries

Bring us farther from God and nearer to the Dust.

I journeyed to London, to the timekept City,

Where the River flows, with foreign flotations.

There I was told: we have too many churches,

And too few chop-houses. There I was told:

Let the vicars retire. Men do not need the Church

In the place where they work, but where they spend their Sundays.

In the City, we need no bells:

Let them waken the suburbs.

I journeyed to the suburbs, and there I was told:

We toil for six days, on the seventh we must motor

To Hindhead, or Maidenhead.

If the weather is foul we stay at home and read the papers.

In industrial districts, there I was told

Of economic laws.

In the pleasant countryside, there it seemed

That the country now is only fit for picnics.

And the Church does not seem to be wanted

In country or in suburb; and in the town

Only for important weddings.

CHORUS LEADER:

Silence! and preserve respectful distance.

For I perceive approaching

The Rock. Who will perhaps answer our doubtings.

The Rock. The Watcher. The Stranger.

He who has seen what has happened

And who sees what is to happen.

The Witness. The Critic. The Stranger.

The God-shaken, in whom is the truth inborn.

Enter the ROCK, led by a BOY:

THE ROCK:
 The lot of man is ceaseless labour,

 Or ceaseless idleness, which is still harder,

 Or irregular labour, which is not pleasant.

 I have trodden the winepress alone, and I know

 That it is hard to be really useful, resigning

 The things that men count for happiness, seeking

 The good deeds that lead to obscurity, accepting

 With equal face those that bring ignominy,

 The applause of all or the love of none.

 All men are ready to invest their money

 But most expect dividends.

 I say to you: *Make perfect your will.*

 I say: take no thought of the harvest,

But only of proper sowing.

The world turns and the world changes,
But one thing does not change.
In all of my years, one thing does not change.
However you disguise it, this thing does not change:
The perpetual struggle of Good and Evil.
Forgetful, you neglect your shrines and churches;
The men you are in these times deride
What has been done of good, you find explanations
To satisfy the rational and enlightened mind.
Second, you neglect and belittle the desert.
The desert is not remote in southern tropics,
The desert is not only around the corner,
The desert is squeezed in the tube-train next to you,
The desert is in the heart of your brother.
The good man is the builder, if he build what is good.
I will show you the things that are now being done,
And some of the things that were long ago done,
That you may take heart. Make perfect your will.
Let me show you the work of the humble. Listen.

The lights fade; in the semi-darkness the voices of WORKMEN are heard chanting.

> In the vacant places
>
> We will build with new bricks
>
> There are hands and machines
>
> And clay for new brick
>
> And lime for new mortar
>
> Where the bricks are fallen
>
> We will build with new stone
>
> Where the beams are rotten
>
> We will build with new timbers
>
> Where the word is unspoken
>
> We will build with new speech
>
> There is work together
>
> A Church for all
>
> And a job for each
>
> Every man to his work.

Now a group of WORKMEN is silhouetted against the dim sky. From farther away, they are answered by voices of the UNEMPLOYED.

> No man has hired us
>
> With pocketed hands
>
> And lowered faces
>
> We stand about in open places

And shiver in unlit rooms.

Only the wind moves

Over empty fields, untilled

Where the plough rests, at an angle

To the furrow. In this land

There shall be one cigarette to two men,

To two women one half pint of bitter

Ale. In this land

No man has hired us.

Our life is unwelcome, our death

Unmentioned in "The Times".

Chant of WORKMEN again.

The river flows, the seasons turn,

The sparrow and starling have no time to waste.

If men do not build

How shall they live?

When the field is tilled

And the wheat is bread

They shall not die in a shortened bed

And a narrow sheet. In this street

There is no beginning, no movement, no peace and no end

But noise without speech, food without taste.

Without delay, without haste

We would build the beginning and the end of this street.

We build the meaning:

A Church for all

And a job for each

Each man to his work.

II

Thus your fathers were made

Fellow citizens of the saints, of the household of GOD, being built upon the foundation

Of apostles and prophets, Christ Jesus Himself the chief cornerstone.

But you, have you built well, that you now sit helpless in a ruined house?

Where many are born to idleness, to frittered lives and squalid deaths, embittered scorn in honeyless hives,

And those who would build and restore turn out the palms of their hands, or look in vain towards foreign lands for alms to be more or the urn to be filled.

Your building not fitly framed together, you sit ashamed and wonder whether and how you may be builded together for a habitation of GOD in the Spirit, the Spirit which moved on the face of the waters like a lantern set on the back of a tortoise.

And some say: "How can we love our neighbour? For love must be made real in act, as desire unites with desired; we have only our labour to

give and our labour is not required.
We wait on corners, with nothing to bring but the songs we can sing
　　which nobody wants to hear sung;
Waiting to be flung in the end, on a heap less useful than dung."

You, have you built well, have you forgotten the cornerstone?
Talking of right relations of men, but not of relations of men to GOD.
"Our citizenship is in Heaven"; yes, but that is the model and type for
　　your citizenship upon earth.

When your fathers fixed the place of GOD,
And settled all the inconvenient saints,
Apostles, martyrs, in a kind of Whipsnade,
Then they could set about imperial expansion
Accompanied by industrial development.
Exporting iron, coal and cotton goods
And intellectual enlightenment
And everything, including capital
And several versions of the Word of GOD:
The British race assured of a mission
Performed it, but left much at home unsure.

Of all that was done in the past, you eat the fruit, either rotten or ripe.
And the Church must be forever building, and always decaying, and

always being restored.

For every ill deed in the past we suffer the consequence:

For sloth, for avarice, gluttony, neglect of the Word of GOD,

For pride, for lechery, treachery, for every act of sin.

And of all that was done that was good, you have the inheritance.

For good and ill deeds belong to a man alone, when he stands alone on the other side of death,

But here upon earth you have the reward of the good and ill that was done by those who have gone before you.

And all that is ill you may repair if you walk together in humble repentance, expiating the sins of your fathers;

And all that was good you must fight to keep with hearts as devoted as those of your fathers who fought to gain it.

The Church must be forever building, for it is forever decaying within and attacked from without;

For this is the law of life; and you must remember that while there is time of prosperity

The people will neglect the Temple, and in time of adversity they will decry it.

What life have you if you have not life together?

There is no life that is not in community,

And no community not lived in praise of GOD.

Even the anchorite who meditates alone,

For whom the days and nights repeat the praise of GOD,

Prays for the Church, the Body of Christ incarnate.

And now you live dispersed on ribbon roads,

And no man knows or cares who is his neighbour

Unless his neighbour makes too much disturbance,

But all dash to and fro in motor cars,

Familiar with the roads and settled nowhere.

Nor does the family even move about together,

But every son would have his motor cycle,

And daughters ride away on casual pillions.

Much to cast down, much to build, much to restore;

Let the work not delay, time and the arm not waste;

Let the clay be dug from the pit, let the saw cut the stone,

Let the fire not be quenched in the forge.

III

The Word of the LORD came unto me, saying:

O miserable cities of designing men,

O wretched generation of enlightened men,

Betrayed in the mazes of your ingenuities,

Sold by the proceeds of your proper inventions:

I have given you hands which you turn from worship,

I have given you speech, for endless palaver,

I have given you my Law, and you set up commissions,

I have given you lips, to express friendly sentiments,

I have given you hearts, for reciprocal distrust.

I have given you power of choice, and you only alternate

Between futile speculation and unconsidered action.

Many are engaged in writing books and printing them,

Many desire to see their names in print,

Many read nothing but the race reports.

Much is your reading, but not the Word of GOD,

Much is your building, but not the House of GOD.

Will you build me a house of plaster, with corrugated roofing,

To be filled with a litter of Sunday newspapers?

1ST MALE VOICE:

A Cry from the East:

What shall be done to the shore of smoky ships?

Will you leave my people forgetful and forgotten

To idleness, labour, and delirious stupor?

There shall be left the broken chimney,

The peeled hull, a pile of rusty iron,

In a street of scattered brick where the goat climbs,

Where My Word is unspoken.

2ND MALE VOICE:

    A Cry from the North, from the West and from the South

    Whence thousands travel daily to the timekept City;

    Where My Word is unspoken,

    In the land of lobelias and tennis flannels

    The rabbit shall burrow and the thorn revisit,

    The nettle shall flourish on the gravel court,

    And the wind shall say: "Here were decent godless people:

    Their only monument the asphalt road

    And a thousand lost golf balls."

CHORUS:

    We build in vain unless the LORD build with us.

    Can you keep the City that the LORD keeps not with you?

    A thousand policemen directing the traffic

    Cannot tell you why you come or where you go.

    A colony of cavies or a horde of active marmots

    Build better than they that build without the LORD.

    Shall we lift up our feet among perpetual ruins?

    I have loved the beauty of Thy House, the peace of Thy sanctuary

    I have swept the floors and garnished the altars.

Where there is no temple there shall be no homes,

Though you have shelters and institutions,

Precarious lodgings while the rent is paid,

Subsiding basements where the rat breeds

Or sanitary dwellings with numbered doors

Or a house a little better than your neighbour's;

When the Stranger says: "What is the meaning of this city?

Do you huddle close together because you love each other?"

What will you answer? "We all dwell together

To make money from each other"? or "This is a community"?

And the Stranger will depart and return to the desert.

O my soul, be prepared for the coming of the Stranger,

Be prepared for him who knows how to ask questions.

O weariness of men who turn from GOD

To the grandeur of your mind and the glory of your action,

To arts and inventions and daring enterprises,

To schemes of human greatness thoroughly discredited,

Binding the earth and the water to your service,

Exploiting the seas and developing the mountains,

Dividing the stars into common and preferred,

Engaged in devising the perfect refrigerator,

Engaged in working out a rational morality,

Engaged in printing as many books as possible,

Plotting of happiness and flinging empty bottles,

Turning from your vacancy to fevered enthusiasm

For nation or race or what you call humanity;

Though you forget the way to the Temple,

There is one who remembers the way to your door:

Life you may evade, but Death you shall not.

You shall not deny the Stranger.

IV

There are those who would build the Temple,

And those who prefer that the Temple should not be built.

In the days of Nehemiah the Prophet

There was no exception to the general rule.

In Shushan the palace, in the month Nisan,

He served the wine to the king Artaxerxes,

And he grieved for the broken city, Jerusalem;

And the King gave him leave to depart

That he might rebuild the city.

So he went, with a few, to Jerusalem,

And there, by the dragon's well, by the dung gate,

By the fountain gate, by the king's pool,

Jerusalem lay waste, consumed with fire;

No place for a beast to pass.

There were enemies without to destroy him,

And spies and self-seekers within,

When he and his men laid their hands to rebuilding the wall.

So they built as men must build

With the sword in one hand and the trowel in the other.

V

O Lord, deliver me from the man of excellent intention and impure heart: for the heart is deceitful above all things, and desperately wicked.

Sanballat the Horonite and Tobiah the Ammonite and Geshem the Arabian: were doubtless men of public spirit and zeal.

Preserve me from the enemy who has something to gain: and from the friend who has something to lose.

Remembering the words of Nehemiah the Prophet: "The trowel in hand, and the gun rather loose in the holster."

Those who sit in a house of which the use is forgotten: are like snakes that lie on mouldering stairs, content in the sun light.

And the others run about like dogs, full of enterprise, sniffing and barking: they say, "This house is a nest of serpents, let us destroy it,

And have done with these abominations, the turpitudes of the Christians." And these are not justified, nor the others.

And they write innumerable books; being too vain and distracted for silence: seeking every one after his own elevation, and dodging his emptiness.

If humility and purity be not in the heart, they are not in the home: and if they are not in the home, they are not in the City.

The man who has builded during the day would return to his hearth at nightfall: to be blessed with the gift of silence, and doze before he sleeps.

But we are encompassed with snakes and dogs: therefore some must labour, and others must hold the spears.

VI

It is hard for those who have never known persecution,

And who have never known a Christian,

To believe these tales of Christian persecution.

It is hard for those who live near a Bank

To doubt the security of their money.

It is hard for those who live near a Police Station

To believe in the triumph of violence.

Do you think that the Faith has conquered the World

And that lions no longer need keepers?

Do you need to be told that whatever has been, can still be?

Do you need to be told that even such modest attainments

As you can boast in the way of polite society

Will hardly survive the Faith to which they owe their significance?

Men! polish your teeth on rising and retiring;

Women! polish your fingernails:

You polish the tooth of the dog and the talon of the cat.

Why should men love the Church? Why should they love her laws?

She tells them of Life and Death, and of all that they would forget.

She is tender where they would be hard, and hard where they like to be soft.

She tells them of Evil and Sin, and other unpleasant facts.

They constantly try to escape

From the darkness outside and within

By dreaming of systems so perfect that no one will need to be good.

But the man that is will shadow

The man that pretends to be.

And the Son of Man was not crucified once for all,

The blood of the martyrs not shed once for all,

The lives of the Saints not given once for all:

But the Son of Man is crucified always

And there shall be Martyrs and Saints.

And if blood of Martyrs is to flow on the steps

We must first build the steps;

And if the Temple is to be cast down

We must first build the Temple.

VII

In the beginning GOD created the world. Waste and void. Waste and void. And darkness was upon the face of the deep.

And when there were men, in their various ways, they struggled in torment towards GOD

Blindly and vainly, for man is a vain thing, and man without GOD is a seed upon the wind: driven this way and that, and finding no place of lodgement and germination.

They followed the light and the shadow, and the light led them forward to light and the shadow led them to darkness,

Worshipping snakes or trees, worshipping devils rather than nothing: crying for life beyond life, for ecstasy not of the flesh.

Waste and void. Waste and void. And darkness on the face of the deep.

And the Spirit moved upon the face of the water.

And men who turned towards the light and were known of the light

Invented the Higher Religions; and the Higher Religions were good

And led men from light to light, to knowledge of Good and Evil.

But their light was ever surrounded and shot with darkness

As the air of temperate seas is pierced by the still dead breath of the Arctic Current;

And they came to an end, a dead end stirred with a flicker of life,

And they came to the withered ancient look of a child that has died of starvation.

Prayer wheels, worship of the dead, denial of this world, affirmation of rites with forgotten meanings

In the restless wind-whipped sand, or the hills where the wind will not let the snow rest.
Waste and void. Waste and void. And darkness on the face of the deep.

Then came, at a predetermined moment, a moment in time and of time,
A moment not out of time, but in time, in what we call history: transecting, bisecting the world of time, a moment in time but not like a moment of time,
A moment in time but time was made through that moment: for without the meaning there is no time, and that moment of time gave the meaning.
Then it seemed as if men must proceed from light to light, in the light of the Word,
Through the Passion and Sacrifice saved in spite of their negative being;
Bestial as always before, carnal, self-seeking as always before, selfish and purblind as ever before,
Yet always struggling, always reaffirming, always resuming their march on the way that was lit by the light;
Often halting, loitering, straying, delaying, returning, yet following no other way.

But it seems that something has happened that has never happened before: though we know not just when, or why, or how, or where.

Men have left GOD not for other gods, they say, but for no god; and this has never happened before
That men both deny gods and worship gods, professing first Reason,
And then Money, and Power, and what they call Life, or Race, or Dialectic.
The Church disowned, the tower overthrown, the bells upturned, what have we to do
But stand with empty hands and palms turned upwards
In an age which advances progressively backwards?

VOICE OF THE UNEMPLOYED (afar off):

In this land

There shall be one cigarette to two men,
To two women one half pint of bitter
Ale.....

CHORUS:

What does the world say, does the whole world stray in high-powered cars on a by-pass way?

VOICE OF THE UNEMPLOYED (more faintly):

In this land
No man has hired us....

CHORUS:

Waste and void. Waste and void. And darkness on the face of the deep.

Has the Church failed mankind, or has mankind failed the Church?

When the Church is no longer regarded, not even opposed, and men have forgotten

All gods except Usury, Lust and Power.

VIII

O Father we welcome your words,
And we will take heart for the future,
Remembering the past.

The heathen are come into thine inheritance,
And thy temple have they defiled.

Who is this that cometh from Edom?

He has trodden the wine-press alone.

There came one who spoke of the shame of Jerusalem
And the holy places defiled;
Peter the Hermit, scourging with words.
And among his hearers were a few good men,
Many who were evil,

And most who were neither.

Like all men in all places,

Some went from love of glory,

Some went who were restless and curious,

Some were rapacious and lustful.

Many left their bodies to the kites of Syria

Or sea-strewn along the routes;

Many left their souls in Syria,

Living on, sunken in moral corruption;

Many came back well broken,

Diseased and beggared, finding

A stranger at the door in possession:

Came home cracked by the sun of the East

And the seven deadly sins in Syria.

But our King did well at Acre.

And in spite of all the dishonour,

The broken standards, the broken lives,

The broken faith in one place or another,

There was something left that was more than the tales

Of old men on winter evenings.

Only the faith could have done what was good of it;

Whole faith of a few,

Part faith of many.

Not avarice, lechery, treachery,

Envy, sloth, gluttony, jealousy, pride:

It was not these that made the Crusades,

But these that unmade them.

Remember the faith that took men from home

At the call of a wandering preacher.

Our age is an age of moderate virtue

And of moderate vice

When men will not lay down the Cross

Because they will never assume it.

Yet nothing is impossible, nothing,

To men of faith and conviction.

Let us therefore make perfect our will.

O GOD , help us.

IX

Son of Man, behold with thine eyes, and hear with thine ears

And set thine heart upon all that I show thee.

Who is this that has said: the House of GOD is a House of Sorrow;

We must walk in black and go sadly, with longdrawn faces,

We must go between empty walls, quavering lowly, whispering faintly,

Among a few flickering scattered lights?

They would put upon GOD their own sorrow, the grief they should feel
For their sins and faults as they go about their daily occasions.
Yet they walk in the street proudnecked, like thoroughbreds ready for races,
Adorning themselves, and busy in the market, the forum,
And all other secular meetings.
Thinking good of themselves, ready for any festivity,
Doing themselves very well.
Let us mourn in a private chamber, learning the way of penitence,
And then let us learn the joyful communion of saints.

The soul of Man must quicken to creation.
Out of the formless stone, when the artist united himself with stone,
Spring always new forms of life, from the soul of man that is joined to the soul of stone;
Out of the meaningless practical shapes of all that is living or lifeless
Joined with the artist's eye, new life, new form, new colour.
Out of the sea of sound the life of music,
Out of the slimy mud of words, out of the sleet and hail of verbal imprecisions,
Approximate thoughts and feelings, words that have taken the place of thoughts and feelings,
There spring the perfect order of speech, and the beauty of incantation.

LORD, shall we not bring these gifts to Your service?
Shall we not bring to Your service all our powers
For life, for dignity, grace and order,
And intellectual pleasures of the senses?
The LORD who created must wish us to create
And employ our creation again in His service
Which is already His service in creating.
For Man is joined spirit and body,
And therefore must serve as spirit and body.
Visible and invisible, two worlds meet in Man;
Visible and invisible must meet in His Temple;
You must not deny the body.

Now you shall see the Temple completed:
After much striving, after many obstacles;
For the work of creation is never without travail;
The formed stone, the visible crucifix,
The dressed altar, the lifting light,

Light

Light

The visible reminder of Invisible Light.

X

You have seen the house built, you have seen it adorned
By one who came in the night, it is now dedicated to GOD.
It is now a visible church, one more light set on a hill
In a world confused and dark and disturbed by portents of fear.
And what shall we say of the future? Is one church all we can build?
Or shall the Visible Church go on to conquer the World?

The great snake lies ever half awake, at the bottom of the pit of the world, curled
In folds of himself until he awakens in hunger and moving his head to right and to left prepares for his hour to devour.
But the Mystery of Iniquity is a pit too deep for mortal eyes to plumb. Come
Ye out from among those who prize the serpent's golden eyes,
The worshippers, self-given sacrifice of the snake. Take
Your way and be ye separate.
Be not too curious of Good and Evil;
Seek not to count the future waves of Time;
But be ye satisfied that you have light
Enough to take your step and find your foothold.

O Light Invisible, we praise Thee!

Too bright for mortal vision.

O Greater Light, we praise Thee for the less;

The eastern light our spires touch at morning,

The light that slants upon our western doors at evening,

The twilight over stagnant pools at batflight,

Moon light and star light, owl and moth light,

Glow-worm glowlight on a grassblade.

O Light Invisible, we worship Thee!

We thank Thee for the lights that we have kindled,

The light of altar and of sanctuary;

Small lights of those who meditate at midnight

And lights directed through the coloured panes of windows

And light reflected from the polished stone,

The gilded carven wood, the coloured fresco.

Our gaze is submarine, our eyes look upward

And see the light that fractures through unquiet water.

We see the light but see not whence it comes.

O Light Invisible, we glorify Thee!

In our rhythm of earthly life we tire of light. We are glad when the day ends, when the play ends; and ecstasy is too much pain.

We are children quickly tired: children who are up in the night and fall asleep as the rocket is fired; and the day is long for work or play.

We tire of distraction or concentration, we sleep and are glad to sleep,

Controlled by the rhythm of blood and the day and the night and the seasons.

And we must extinguish the candle, put out the light and relight it;

Forever must quench, forever relight the flame.

Therefore we thank Thee for our little light, that is dappled with shadow.

We thank Thee who hast moved us to building, to finding, to forming at the ends of our fingers and beams of our eyes.

And when we have built an altar to the Invisible Light, we may set thereon the little lights for which our bodily vision is made.

And we thank Thee that darkness reminds us of light.

O Light Invisible, we give Thee thanks for Thy great glory!

咕噜虎的最后立脚点

咕噜虎是只勇猛的猫,驾着平底船旅行:
其实,走南闯北流浪的猫中数他最蛮横。
从格雷夫森直到牛津,他干着邪恶勾当,
享有"泰晤士河上的恐怖"这一臭名昭彰。

他的举止和外貌不刻意讨人欢喜赞扬;
他的外套又破又脏,他的磕膝盖鼓囊囊;
一只耳朵没了,没必要告诉你们为什么;
他用一只独眼恶狠狠盯着敌对的世界。

罗得海子的庄户对他的名声颇为耳熟;
汉默斯密、帕尼人一听他的名字就发抖。
"咕噜虎越狱啦"——谣言沿着河岸流传之时,
他们就会纷纷把鸡窝加固,把笨鹅锁起。

惨了,娇弱的黄莺,一旦从笼中扑棱飞出;
惨了,受宠的京巴,一旦面对咕噜虎之怒;
惨了,躲在外国船上,长有鬃毛的大耗子;
惨了,咕噜虎跟丫掐架的任何一只猫咪!

但多半是对外国种的猫咪他仇恨满腔；
对起外国名和外国种的猫他寸土不让。
波斯猫暹罗猫谈起他来就会变颜变色——
因为是只暹罗猫咬掉他那没了的耳朵。

此刻在宁静夏夜，自然的一切都在玩耍，
温柔月色亮亮汪汪，平底船泊在莫塞洼。
沐浴着清凉月光，船在潮水之上颠啊颠——
咕噜虎就想展示他那多愁善感的一面。

他的老大副，轱辘皮，消失不见已经很久，
因为他到了汉普敦铃铛酒家去喝小酒；
他的水手长，翻滚图，他也早已偷偷溜出——
在雄狮酒吧后院正悄悄追踪他的猎物。

咕噜虎独自一猫踞坐在那高高船头舱，
他的心思全都集中在铁铛骨夫人身上。
他的野蛮水手正在木桶和铺位里熟睡——
正当暹罗猫驾着舢板和帆船前来偷袭。

咕噜虎除了铁铛骨之外啥都不见不闻，
那夫人似乎也被他那性感男中音迷昏，
不觉放松下来，等待着意料之中的状况——

可是月光之下上千只蓝眼睛幽幽反光。

那些个舢板绕着圆圈儿划得越来越近,
但是所有敌人都没有弄出一点儿声音。
那对情侣唱着最后的二重唱,生命危殆——
因为敌人带着烤肉叉雕刻刀武装而来。

于是吉尔伯给凶猛蒙古大军发出信号;
中国佬蜂拥上了甲板,随着可怕的鞭炮。
他们撇下他们的舢板,还有筏子和帆船,
把舱门盖紧,睡熟的水手统统关在下面。

铁铠骨发出一声尖叫,因为她被吓坏了;
我很不情愿承认,可她的确很快消失了。
她很可能轻易逃脱,我肯定她没有淹死——
可是一圈闪亮钢铁把咕噜虎团团包围。

无情的敌人逼近前来,一圈接着一圈儿;
咕噜虎大感惊讶,自己竟被迫走船沿儿。
他曾经逼迫上百受害者那样落水而亡,
终于恶贯满盈也落得咕嘟咕嘟的下场。

啊,当消息传开的时候,沃平一片欢腾;

在女儿湾和汉莱,人们在河滩舞蹈相庆。
在布伦津和胜利码头,大家纷纷烤全鼠,
在曼谷,全城上下举行了整整一天庆祝。

GROWLTIGER'S LAST STAND

Growltiger was a Bravo Cat, who travelled on a barge:
In fact he was the roughest cat that ever roamed at large.
From Gravesend up to Oxford he pursued his evil aims,
Rejoicing in his title of 'The Terror of the Thames'.

His manners and appearance did not calculate to please;
His coat was torn and seedy, he was baggy at the knees;
One ear was somewhat missing, no need to tell you why,
And he scowled upon a hostile world from one forbidding eye.
The cottagers of Rotherhithe knew something of his fame;
At Hammersmith and Putney people shuddered at his name.
They would fortify the hen-house, lock up the silly goose,
When the rumour ran along the shore: GROWLTIGER'S ON THE LOOSE!

Woe to the weak canary, that fluttered from its cage;
Woe to the pampered Pekinese, that faced Growltiger's rage;
Woe to the bristly Bandicoot, that lurks on foreign ships,
And woe to any Cat with whom Growltiger came to grips!

But most to Cats of foreign race his hatred had been vowed;

To Cats of foreign name and race no quarter was allowed.
The Persian and the Siamese regarded him with fear—
Because it was a Siamese had mauled his missing ear.
Now on a peaceful summer night, all nature seemed at play,
The tender moon was shining bright, the barge at Molesey lay.
All in the balmy moonlight it lay rocking on the tide—
And Growltiger was disposed to show his sentimental side.

His bucko mate, GRUMBUSKIN, long since had disappeared,
For to the Bell at Hampton he had gone to wet his beard;
And his bosun, TUMBLEBRUTUS, he too had stol'n away—
In the yard behind the Lion he was prowling for his prey.

In the forepeak of the vessel Growltiger sate alone,
Concentrating his attention on the Lady GRIDDLEBONE.
And his raffish crew were sleeping in their barrels and their bunks—
As the Siamese came creeping in their sampans and their junks.

Growltiger had no eye or ear for aught but Griddlebone,
And the Lady seemed enraptured by his manly baritone,
Disposed to relaxation, and awaiting no surprise—
But the moonlight shone reflected from a thousand bright blue eyes.

And closer still and closer the sampans circled round,

And yet from all the enemy there was not heard a sound.

The lovers sang their last duet, in danger of their lives—

For the foe was armed with toasting forks and cruel carving knives.

Then GILBERT gave the signal to his fierce Mongolian horde;

With a frightful burst of fireworks the Chinks they swarmed aboard.

Abandoning their sampans, and their pullaways and junks,

They battened down the hatches on the crew within their bunks.

Then Griddlebone she gave a screech, for she was badly skeered;

I am sorry to admit it, but she quickly disappeared.

She probably escaped with ease, I'm sure she was not drowned—

But a serried ring of flashing steel Growltiger did surround.

The ruthless foe pressed forward, in stubborn rank on rank;

Growltiger to his vast surprise was forced to walk the plank.

He who a hundred victims had driven to that drop,

At the end of all his crimes was forced to go ker-flip, ker-flop.

Oh there was joy in Wapping when the news flew through the land;

At Maidenhead and Henley there was dancing on the strand.

Rats were roasted whole at Brentford, and at Victoria Dock,

And a day of celebration was commanded in Bangkok.

威廉斯诗七首

导读

威廉·卡洛斯·威廉斯（William Carlos Williams, 1883—1963），生于新泽西州，在瑞士日内瓦受教育，在宾夕法尼亚大学和德国莱比锡学医，学成后为开业医师。业余写诗，最初与庞德的意象主义运动有关，后来自成一派，发展出融形式与意义为一体的客观主义，认为"事物之外别无思想"。著有诗集多种，长诗一部，评论集一部，自传一部，长、短篇小说若干。被公认为惠特曼以后最有影响的真正具有美国本土风格的诗人。1956年获美国诗人学会特别会员奖。

《威廉·卡洛斯·威廉斯诗选》（上海译文出版社，2015）是第一本汉译威廉斯诗集，共收译诗466首。由于出版方的原因，初版错误颇多。2017年重印时恢复原貌并有所修订。以下译诗即出自2017年第二次印刷本。

威廉·卡洛斯·威廉斯 William Carlos Williams（1883—1963）

红独轮车[1]

很大程度
要看[2]

一辆红独
轮车

雨水髹得
锃亮

挨着那群
白鸡

1　此诗是诗文集《春天等一切》中的第 22 首。
2　这两行原文 "so much depends / upon"，是个无主句，可以说省略了主语 "it"，"so much" 是状语而不是主语。实际上，这是威廉斯的口头禅，常见于他的访谈中，例如 *Interview with William Carlos Williams* (ed. Linda Wagner, New Directions, 1976) 一书页 28: "You see, so much depends upon the passage of time." 犹如口语中常说的 "[It] depends [upon something]"（要看情况）。

THE RED WHEELBARROW

so much depends

upon

a red wheel

barrow

glazed with rain

water

beside the white

chickens

9/29

我的卧铺狭窄
在海上
一间小屋里

号码在
墙上
阿拉伯数字 1

我上边的
2 号铺位空着
乘务员

把它拆下
搬
走

只剩下
号码

在一块椭圆形
塑料牌上
钉在

髹白漆的
木壁板上
两颗

亮晶晶的钉子
就像星星
伴着

月亮

9/29

My bed is narrow

in a small room

at sea

The numbers are on

the wall

Arabic 1

Berth No. 2

was empty above me

the steward

took it apart

and removed

it

only the number

remains

· 2 ·

on an oval disc

of celluloid

tacked

to the white-enameled

woodwork

with

two bright nails

like stars

beside

the moon

特此说明

我吃掉了
放在
冰箱里的
李子

那可能
是你
省下来
当早点的

请原谅
它们很好吃
那么甜
又那么冰

THIS IS JUST TO SAY

I have eaten

the plums

that were in

the icebox

and which

you were probably

saving

for breakfast

Forgive me

they were delicious

so sweet

and so cold

答复[1]

(皱巴巴的在她桌上)

亲爱的比尔[2]:我给你
做了两个三明治。
在冰箱里你会找到
蓝莓——一杯柚子汁
一杯冰咖啡。

炉子上有茶壶
还有足够的茶叶
如果你想喝茶
就自己泡——只要点着煤气——
烧开水冲到茶里

面包柜里有大量面包
黄油还有鸡蛋——
我就是不知道给你
做什么好。好几个人

---

1 此诗最初发表于《大西洋月刊》1982年11月号,很可能是诗人根据妻子弗洛伦丝所写便条改写成的,是对前一首诗的回应。
2 威廉的昵称。

打电话来问营业时间——

回头见。爱。弗洛丝。

请关掉电话。

REPLY

(crumpled on her desk)

Dear Bill: I've made a
couple of sandwiches for you.
In the ice-box you'll find
blue-berries—a cup of grapefruit
a glass of cold coffee.

On the stove is the tea-pot
with enough tea leaves
for you to make tea if you
prefer—Just light the gas—
boil the water and put it in the tea

Plenty of bread in the bread-box
and butter and eggs—
I didn't know just what to
make for you. Several people

called up about office hours—

See you later. Love. Floss.

Please switch off the telephone.

刺槐花开[1]

〔第二稿〕

绿

硬

老

鲜

断

枝

间

白

香

五

月

又

来

---

[1] 此稿连同第一稿发表于《更有力，纽瓦克公共图书馆报告 1946—1952》1952 年秋冬季号时，附注云："那是季节的循环——五月的全部历史……除了基本的词语，我删去了一切，以使事物剩得尽量简单，使读者尽可能专注。有什么能比这更简朴吗？"

THE LOCUST TREE IN FLOWER

Among

of

green

stiff

old

bright

broken

branch

come

white

sweet

May

again

墙壁之间

医院的

后配

楼那儿

什么

也不长

炭渣

堆里闪

亮着

绿瓶子

碎片

BETWEEN WALLS

the back wings

of the

hospital where

nothing

will grow lie

cinders

in which shine

the broken

pieces of a green

bottle

泽西抒情诗[1]

寒林景色

近景中

一棵树

前

挨着

新落的

雪

躺着准备生火用的

6块木柴

---

[1] 此诗作于1960年10月初,发表于《赫德逊评论》1961—1962年冬季号,灵感来源于年轻画家亨利·尼斯寄给诗人的一幅题为《泽西构图》的石版画。译按:泽西是美国新泽西州东北部一城市。

JERSEY LYRIC

view of winter trees

before

one tree

in the foreground

where

by fresh-fallen

snow

lie 6 woodchunks ready

for the fire

莎士比亚戏剧一出（选场）

导读

《尤力乌斯·恺撒的悲剧》全本汉译完成于二十世纪九十年代，但因故一直未获发表，直到2015年，外语教学与研究出版社出版英汉双语本新译莎士比亚全集时才列入其中以单行本问世。以下译文选自该剧第三幕第二场，这是全剧中最精彩的一场戏。

尤力乌斯·恺撒的悲剧

第三幕第二场[1]

布鲁图上,登上讲坛;喀西约及众平民同上。

众平民:我们要求解释!给我们解释清楚!
布鲁图:那就随我来,听我讲,朋友们。
  喀西约,你到另一条街去,
  分一些人去。
  愿意听我讲话的,留在这里;
  愿意跟随喀西约的,跟他走;
  恺撒之死的缘由
  将公开宣布。
平民甲:我要听布鲁图讲话。
平民乙:我听喀西约的;咱们分头听完后,
  再来比较他们的说法。

喀西约与部分平民下。

平民丙:高贵的布鲁图登坛了;肃静!
布鲁图:请耐心听我讲完。
  罗马人、同胞们、朋友们,请听我说明缘由;请安静,你们好

---

[1] 地点:罗马广场。

听得清。凭我的名誉,请相信我;尊重我的名誉,你们才会相信。请用你们的智慧考察我;唤醒你们的心智,你们才会更好地判断。如果在这人群中有恺撒的亲密朋友,我要对他说,布鲁图对恺撒的爱绝不比他的少。假如那位朋友这时要问,为什么布鲁图要起来反对恺撒,我的回答如下:不是我不爱恺撒,而是我更爱罗马。你们是宁愿恺撒活着,大家至死为奴呢;还是想要恺撒死去,大家活着做自由人呢?恺撒爱我,我为他哭泣;他幸运成功,我为之欣喜;他勇敢无畏,我尊敬他;但是,他起了野心,我就杀了他。我以眼泪回报他的爱,以欣喜祝贺他的成功,以尊敬褒扬他的勇敢,以死亡毁灭他的野心。这里有谁那么低贱,会甘愿为奴?假如有的话,就请说话,因为我已经得罪了他。这里有谁那么野蛮,不愿做罗马人?假如有的话,就请说话,因为我已经得罪了他。这里有谁那么卑劣,会不爱他的国家?假如有的话,就请说话,因为我已经得罪了他。我且暂停,敬候回答。

众人:没有,布鲁图,没有。

布鲁图:那么说我就谁也没有得罪。我对恺撒做了什么,你们也同样可以对布鲁图做。处死他的理由已记载在元老院里:他的光荣没有受损,他当之无愧;他的罪过也没有加重,他因之遭受了死亡的惩罚。

马克·安东尼携恺撒的尸体上。

他的遗体来了,由马克·安东尼护送,他虽然没有参与刺杀恺撒,但也会享受恺撒之死的好处,在共和国占有一席之地,你们哪一位又不会得到好处呢?离开之前我要说:为了罗马的利益我杀死了我最好的朋友,我为自己也准备了同一把匕首,必要时我会自裁以谢国人。

走下讲坛。

众人:活下去,布鲁图,活下去,活下去!

平民甲:欢送他回家去。

平民乙[1]:给他塑一尊像,与他的先人并列。

平民丙:让他当恺撒。

平民丁:恺撒的优点

将在布鲁图身上发扬光大。

平民甲:我们要欢呼着把他护送回家。

布鲁图:同胞们——

平民乙:安静,肃静!布鲁图有话说。

平民甲:安静喽!

布鲁图:好同胞们,让我一个人离开吧,

看在我的分上,留在这儿跟安东尼在一起。

瞻仰恺撒的遗体,聆听马克·安东尼

颂扬恺撒的光荣业绩,

经我们准许,他可以发表讲话。

我恳求你们,除我之外,

一个人也不要离开,听安东尼把话讲完。　　　下。

平民甲:留下吧,咱们听听马克·安东尼怎么讲。

平民丙:让他登上公共讲坛。

1　与先前离开去听喀西约讲话者不是同一人。

我们要听他讲。高贵的安东尼,上去吧。

安东尼:承蒙布鲁图关照,我感谢你们。　　　　登上讲坛。

平民丁:他说布鲁图什么?

平民丙:他说,承蒙布鲁图关照,

他感谢我们大家。

平民丁:他最好别在这儿说布鲁图的坏话!

平民甲:这恺撒是个暴君。

平民丙:唔,那是当然:

幸亏罗马除掉了他。

平民乙:安静,咱们来听听安东尼会说什么。

安东尼:诸位高贵的罗马人——

众人:安静喽,听他讲。

安东尼:朋友们,罗马人,同胞们,请听我说!

我是来收葬恺撒,不是来赞扬他的。

人们干的坏事在身后仍然遗臭,

做的好事却往往随尸骨一同入土;

那就让恺撒也如此吧。高贵的布鲁图

对你们说过,恺撒有野心;

果真如此的话,那真是重大错误,

恺撒已为之付出了重大代价。

在此,蒙布鲁图及其他诸位恩准——

因为布鲁图是个正人君子,

他们诸位都是,全都是正人君子——

我来在恺撒葬礼上发表讲话。
他是我朋友,对我忠诚而公正;
布鲁图却说,他有野心,
而布鲁图是个正人君子。
他把大批俘虏带回了罗马,
他们的赎金把国库钱柜充满;
恺撒这样子像是有野心吗?
穷人哭泣之时,恺撒也流泪;
野心应由更坚硬的物质造就。
布鲁图却说,他有野心,
而布鲁图是个正人君子。
你们大家都曾看见,牧神节时
我三次进献给他一顶王冠,
他三次都拒不接受。这是野心吗?
布鲁图却说,他有野心,
而布鲁图实在是正人君子。
我讲话不是为了反驳布鲁图,
而是在此讲述我知道的实情。
你们曾爱戴他,并非无缘无故;
你们不哀悼他,那又因何缘故?
啊,良知!你逃到了野兽当中,
人们已丧失理智。请宽恕我,
我的心在那棺材里与恺撒在一起,

我必须暂停，等它回到我身体里。

平民甲：我觉得他的话很有道理。

平民乙：如果对这件事平心而论，

　　恺撒确是受了很大的冤枉。

平民丙：是吗，先生们？

　　我担心会有更坏的人来取代他哩。

平民丁：你们注意他的话了吗？他不肯接受王冠，

　　所以他肯定没有野心。

平民甲：假如真是这样的话，有人要为此付出高昂代价。

平民乙：可怜的人，他的眼睛哭得火红。

平民丙：罗马没有谁比安东尼更高贵了。

平民丁：现在注意听，他又开始讲话了。

安东尼：就在昨天，恺撒的话语还可能

　　对抗全世界；现在他躺在那儿，

　　竟没有一个人屈尊向他致敬。

　　啊，先生们！假如我是有意

　　在你们心里挑起变乱和愤怒的话，

　　那我就对不起布鲁图，对不起喀西约了——

　　你们都知道——他们是正人君子。

　　我不愿对不起他们；我宁愿决定

　　对不起逝者，对不起我自己和你们，

　　也不愿对不起这些正人君子。

　　可这儿有一份文件，恺撒盖了印，展示遗嘱。

我在他书房发现的,是他的遗嘱。

只要让平民百姓听听这遗嘱——

请原谅,我并没有打算宣读——

他们就会去吻已故恺撒的伤口,

用手帕蘸取他那圣洁的鲜血;

对了,求取他一根头发作纪念,

临终时,还要在他们的遗嘱中提及,

把它当作丰厚的遗产遗赠

给他们的子女。

平民丁:我们要听遗嘱。读吧,马克·安东尼。

众人:遗嘱!遗嘱!我们要听恺撒的遗嘱!

安东尼:暂且忍耐,尊贵的朋友们,我不能读。

你们不适合知道恺撒有多么爱你们。

你们不是木头、石头,而是人;

身为人,聆听恺撒的遗嘱,

会令你们冒火,会让你们发疯。

你们最好不知道你们是他的继承人,

如果你们知道了,啊,会有什么结果?

平民丁:宣读遗嘱,我们要听,安东尼!

你应该给我们宣读遗嘱,恺撒的遗嘱!

安东尼:你们忍耐些好吗?你们等一会儿好吗?

我告诉你们遗嘱的事,就已经做过头了。

我害怕我会对不起那些正人君子,

>他们用匕首刺杀了恺撒;我真的害怕。

平民丁:他们是叛徒!正人君子?

众人:遗嘱!遗嘱!

平民乙:他们是恶棍、凶手。遗嘱,宣读遗嘱!

安东尼:这么说你们要强迫我宣读遗嘱了?
>那就在恺撒的遗体四周围一圈儿,
>我来让你们看看立遗嘱的主人。
>我可以下坛去吗?你们允许吗?

众人:下来吧。

平民乙:下坛来。

平民丙:你可以下来。　　　　　　　安东尼走下讲坛。

平民丁:站过来,围成一圈儿。

平民甲:离灵柩远点儿,离遗体远点儿。

平民乙:给安东尼腾出空来,最高贵的安东尼。

安东尼:别,别这么挤着我,站远一点儿。

众人:往后站;留出空,往后退!

安东尼:如果你们有泪,现在就准备流吧。
>你们大家都认得这披风。我记得
>恺撒第一次穿上它的情景:
>那是个夏天傍晚,在他的营帐里,
>那天他征服了内尔维伊部落[1]。
>瞧,喀西约的匕首刺穿了这块儿;

---

1 内尔维伊:北高卢地区的古比利时部族,以强悍好战著称。

看看恶毒的卡斯卡划得有多深；
从这儿，备受宠信的布鲁图刺入，
他把那该死的钢刀拔出去之时，
注意看恺撒的鲜血是怎样随之
喷出的，就好像急匆匆开门来看
是否布鲁图那么恶狠狠在敲门；
布鲁图，你们知道，是恺撒的红人。
诸神啊，你们来评判，恺撒有多爱他！
这是其中最冷酷无情的一刺；
因为当高贵的恺撒看见他行刺时，
比叛徒的臂膀更有力的忘恩负义
彻底击垮了他。于是他壮心迸碎，
身上的披风扬起，蒙住了他的脸，
竟然在庞培雕像的底座旁边，
伟大的恺撒倒下了——雕像也流血。
啊，这一倒惊天动地，同胞们！
然后我，还有你们，大家都倒了，
而血腥的叛逆在我们头上扬扬得意。
呵，现在你们哭了，我看出你们
感到了怜悯的重击。这是高尚的泪水。
善良的人们，你们只看见我们的恺撒
衣服被刺破怎么就哭了？

           撩起披风，暴露尸体。

你们看这里,

这是他的身体,你们看,被叛贼毁了。

平民甲:呵,悲惨的景象!

平民乙:呵,高贵的恺撒!

平民丙:呵,不幸的一天!

平民丁:呵,叛贼,恶棍!

平民甲:呵,最血腥的景象!

平民乙:我们要报仇!

众人:报仇!行动!搜索!放火!杀戮!

不让一个叛贼活着!

安东尼:等等,同胞们。

平民甲:安静,听高贵的安东尼讲话。

平民乙:我们要听他的,我们要跟随他,我们要跟他同生死。

安东尼:好朋友们,亲朋友们,别让我把你们

煽动成如此爆发的动乱洪流。

那些干这事的人是正人君子。

唉,我不知道,有什么私怨

使他们这么干。他们聪明可敬,

无疑有种种理由会回答你们。

朋友们,我不是来偷取你们的心。

我不是演说家,不像布鲁图那样;

而是如你们所知,一个憨直之人;

我爱我的朋友,他们也十分了解,

所以准许我在公众面前谈论他。
因为我没有智巧、辞令，也没有德能，
没有手势、口才，也没有演说力
以煽动人心；我只是直话直说。
我告诉你们自己明知的事实，
让你们看亲爱的恺撒的伤口——可怜，可怜，喑哑的嘴巴，
教它们替我说话呀！但假如我是布鲁图，
而布鲁图是安东尼，那就有一个安东尼
会激动你们的精神，给恺撒
每一处伤口中都安上一条舌头，
把罗马的石头也鼓动起来暴动了。

众人：我们要暴动！
平民甲：我们要烧毁布鲁图的房子！
平民丙：那就走，来呀，去找谋逆者！
安东尼：且听我说，同胞们，且听我说。
众人：安静喽，听安东尼说，最高贵的安东尼！
安东尼：咳，朋友们，你们并不知道要去干什么。
恺撒有哪一点值得你们这般厚爱？
唉，你们不知道！那我就必须告诉你们：
你们忘记了我告诉过你们的那份遗嘱。
众人：是呀。遗嘱！咱们等会儿，听听遗嘱。
安东尼：遗嘱在此，盖有恺撒的印记：
他赠给每一位罗马市民，

每一个人，七十五枚银币。

平民乙：最高贵的恺撒！我们要为他报仇！

平民丙：啊，至尊的恺撒！

安东尼：请耐心听我说。

众人：安静喽！

安东尼：而且，他还留给你们台伯河此岸
他全部游乐场、私人园林和新种植的
果园；他把这些都留给了你们，
永远留给了你们的子孙，作为
供你们户外散步消遣的公园。
有过一位恺撒，何时还会来第二个？

平民甲：不会，永远不会！来呀，走，走！
我们到圣地去焚化他的遗体，
然后用火把点燃叛贼们的房子。
抬起遗体来。

平民乙：去取火种。

平民丙：把木凳拆下来。

平民丁：把木凳、窗扇，不管什么，都拆下来。

众平民下。抬着遗体。

安东尼：让他们去闹吧。灾祸，你抬脚走路了，
那就随心所欲地去走吧！

仆人上。

情况怎样，伙计？

仆人：大人，屋大维已经到达罗马。

安东尼：他在哪里？

仆人：他和雷必达在恺撒府里。

安东尼：我要立刻到那里去见他；

他来得正好。幸运之神正高兴呢，

在这种心情下会赐给我们一切的。

仆人：我听他说，布鲁图和喀西约

疯了似的骑马逃出了罗马城。

安东尼：很可能他们得到了消息，知道

我煽动了群众。带我去见屋大维。　　　　　齐下。

乔伊斯随笔一组

导读

《伽寇摩·乔伊斯》是一组乔伊斯生前未发表的自传性随笔，作于意大利的里雅斯特，即将完成《艺术家青年时代肖像》和开始写《尤利西斯》之间这段时期。1915年，由于第一次世界大战，乔伊斯离开的里雅斯特赴瑞士苏黎世时，丢弃了手稿，但终被其弟斯坦尼斯劳斯所挽救保存。"伽寇摩"是"詹姆斯"的意大利语形式。这组随笔表露了乔伊斯对一位女学生的色欲骚动。他当时在的里雅斯特有许多学英语的女学生，但这里的特定对象似乎是其中之一，阿美丽娅·泼珀。据她后来回忆，她从1907—1911年从学于乔伊斯。1914年8月，泼珀小姐与米歇尔·里索罗结婚。此作品表明，乔伊斯与她的关系应结束于1915年他离开的里雅斯特之前。作品中的某些句子和段落成了《艺术家青年时代画像》及后来的《流亡者》和《尤利西斯》等直接利用或借以发挥的素材。这组随笔经理查德·埃尔曼整理于1968年首次发表。

以下译文为首次汉译，最初于1996年发表于《外国文学》双月刊第3期，后收入《乔伊斯诗歌·剧作·随笔集》（云南人民出版社，2011）和《乔伊斯文集：乔伊斯诗歌·剧作·随笔集》（上海译文出版社，2012）。

伽寇摩·乔伊斯

[爱尔兰] 詹姆斯·乔伊斯

谁?气味浓重的毛皮围裹着的一张苍白的脸。她的动作羞怯而紧张。她用带柄眼镜[1]。对:一个简短的音节[2]。一声简短的笑。眼皮简短地一眨。

蜘蛛网似的笔迹,以平静的轻蔑和顺从拖得又长又细:一个有品位的年轻人儿。

在一股不冷不热的话语的轻巧浪潮上,我推出了:斯威登伯格[3]、伪亚略巴古法官[4]、米盖尔·德·莫里诺斯[5]、约阿钦修道院长[6]。浪潮耗

---

1 在"喀尔刻"篇中,白令汉姆太太身穿毛皮大衣,使用"玳瑁带柄眼镜"。(《尤利西斯》第15章)
2 "珀涅罗珀"篇以莫莉的一声"对"结尾。(《尤利西斯》第18章)
3 伊玛纽埃尔·斯威登伯格(1688—1772):瑞典科学家、圣经学者、神秘主义者。乔伊斯在《艺术家青年时代肖像》和论威廉·布雷克的文章中曾论及他。
4 "伪亚略巴古法官"或"伪丢尼修":指6世纪初以"亚略巴古法官丢尼修"为笔名写作神秘主义论文和书信的基督教神学家。真正的亚略巴古法官丢尼修曾在雅典受保罗点化而皈依基督教,事见《新约·使徒行传》第17章第34节。乔伊斯曾在散文《威廉·布雷克》(1912)中论及丢尼修对待"神圣模糊性"的方法。
5 米盖尔·德·莫里诺斯(1640—97):西班牙神秘主义者,被宗教法庭判决后死于狱中。乔伊斯在《布鲁诺哲学》(1903)一文中曾提及他。
6 约阿钦修道院长(1135—1202):即菲奥雷的约阿钦,意大利神学家、预言家、菲奥雷圣乔万尼修道院创始人。1245年一方济各会修士宣称其著作为接替旧、新约的新福音。在"普洛透斯"篇中,斯蒂芬曾引用据传是约阿钦的著作《最高祭司预言》。

尽了¹。她的同学,又扭动着她那扭曲的身体,用柔若无骨的威尼斯口音的意大利语咕哝道:**多有文化**²!那双长眼皮眨了又抬起:丝绒般的虹膜中一个燃烧的针孔灼人,悸颤。

高跟鞋在回音的石级上咔咔响,空荡荡的。古堡中的寒气、被吊起示众的铠甲、通往塔楼的螺旋楼梯上方的生铁烛台。嘚嘚咔咔的鞋跟,高亢而空洞的噪音。下面有一位要跟夫人您说话。

她从不擤鼻子。一种说话的形式:对越是了不起的人说得越少。

圆润而成熟:被近亲通婚³的镟床镟得圆润,在她的种族与世隔绝的温室中成熟⁴。

在奶油色的夏季薄雾下,维尔塞里附近的一片稻田。她那低垂的帽翼遮着她的假笑。她假笑着的脸挂着条条阴影,被热奶油似的阳光暴晒着,下巴下面是灰乳白色的阴影,潮湿的额头上是蛋黄色的条

1　"普洛透斯"篇中的"四字浪语"结尾类似:"耗尽了,它的话语停止"。(《尤利西斯》第3章)
2　此句原文为意大利文。
3　斯蒂芬认为"犹太人是所有民族中最喜欢近亲结婚的"(《尤利西斯》第9章)。
4　在《艺术家青年时代肖像》中,斯蒂芬认为"他瞥见的一个少女"也许拥有"她的种族的秘密"。

纹[1],眼睛那软化的果肉里潜藏着酸臭的黄色汁液[2]。

她送给我女儿的一枝花。娇弱的礼物、娇弱的赠送者、娇弱的青筋明显的孩子[3]。

遥远的海那边的帕杜亚。沉寂的中世纪,夜,历史的黑暗在月光下沉睡在百草广场上。城市沉睡着。河边黑暗的街中,拱门下,娼妓的眼睛搜寻着嫖客。**五法郎五次服务**[4]。一阵黑暗的感觉的浪潮,又一阵又一阵又一阵。

   我的眼睛在黑暗里看不清,我的眼睛看不清,
   我的眼睛在黑暗里看不清,爱人。

又一阵。不再有了。黑暗的爱,黑暗的渴望。不再有了。黑暗。

暮色。穿过广场。灰暗的黄昏低悬在广阔的灰绿色牧场之上,无声地洒下暮霭和露水。她带着笨拙的优雅跟随着她的母亲:母马领着她的小母驹。灰暗的暮色轻柔地抟揉着苗条好看的臀和腿、柔和绵

---

1 莱奥波尔德·布鲁姆回忆其父亲中毒的遗体时,记得"他脸上的黄色条纹"。(《尤利西斯》第6章)
2 在"勒斯垂戈尼亚人"篇中,莱奥波尔德·布鲁姆记得莫莉的"让人恶心的果肉"和"柔软的"嘴唇。(《尤利西斯》第8章)
3 乔伊斯在《给我女儿的一朵花》(1913)一诗中写到过此事。
4 此句原文为意大利文。

软富有弹性的脖子、骨骼细致的头颅[1]。黄昏,安宁,神奇的暮霭……嘿喽!马夫!嘿喽嗨[2]!

爸爸和女儿们跨坐一只平底雪橇,滑下山坡:土耳其苏丹及其嫔妃。帽子和上衣紧裹,靴带在被肌体温暖的靴舌之上灵巧地交叉[3],短裙自圆圆的膝盖以上紧绷。一闪白光[4]:一片,一片雪花:

> 她下回骑马出门的时候,
> 但愿我在那儿看得见![5]

我冲出烟草店喊叫她的名字。她转过身,停下来听我语无伦次地说课程,钟点,课程,钟点:慢慢地,她苍白的面颊燃起一团乳白的光。别,别,别害怕!

我父亲:她清晰地做最简单的动作。*彼自何处来?我的女儿非常崇拜她的英语老师*[6]。老人的脸,英俊、放光,带有强烈的犹太特征和一把长长的白胡子,在我们一起走下山坡的时候转向我。噢!说得

1　此段被用在"太阳神之牛"篇中。(《尤利西斯》第14章)
2　斯蒂芬从《哈姆雷特》中引用这些句子。(《尤利西斯》第15章)
3　在"喀尔刻"篇中,"交叉系靴带"是布鲁姆的部分惩罚。(《尤利西斯》第15章)
4　在"食莲者"篇中,一个穿"棕色高筒靴,靴带松散着""脚弯优雅"的女人吸引了布鲁姆的注意:"看哪!看哪!华贵的丝光袜的白色。看哪!"(《尤利西斯》第5章)
5　略改英国诗人威廉·考柏(1731—1800)《约翰·吉尔品》一诗结尾两行:"他下回骑马出门的时候,/但愿我在那儿看得见!"
6　异体字部分原文为意大利文和拉丁文。

妙极了：礼貌、仁爱、好奇、信任、怀疑、自然、老年的无助、自信、坦率、文雅、诚恳、警告、怜悯、同情：绝妙的混合。伊格纳修·罗约拉，赶快来帮我[1]！

此心痛楚而悲伤。失恋了？

长而淫荡的嘴唇：乌血的软体动物。

我自夜暗和泥泞中向上仰望时，山上浮动着雾气。潮湿的树梢上悬挂着雾气。楼上房间里一片灯光。她正在穿衣打扮，准备去看戏。镜子里面有群鬼……蜡烛！蜡烛[2]！

一个尤物。半夜，音乐会之后，沿圣米迦勒大道一路上行，轻柔地说出了这几个字。得了吧，詹姆兮！难道你就从来没有在夜间走在都柏林的街道上啜泣着念叨过另一个名字？

犹太人的尸体躺在我的周围，在他们的圣地的坟丘中腐烂着。这里是她的同胞的坟墓，黑色的石头，没有希望的静默……满脸粉刺的

---

[1] 罗约拉的圣伊格纳修（1491—1556）：耶稣会的创始人。在"斯库拉与卡律布狄斯"篇中，斯蒂芬在讲述他的关于《哈姆雷特》的理论之前祈请罗约拉的帮助。（《尤利西斯》第9章）

[2] 斯蒂芬的母亲擎起"避邪烛照看她的痛苦"（《尤利西斯》第1章）；他后来想象"避邪烛照耀下的婚床、婴儿床、停尸床"（《尤利西斯》第3章）。

麦塞尔[1]把我带到这里。他在树丛那边站着,头戴帽子,在他自杀了的妻子墓前纳闷,这曾睡在他床上的女人怎么就走到了这一步……她的同胞和她的墓:黑色的石头,没有希望的静默:一切都准备好了。不要死!

她举起双臂,努力在颈后钩扣一件黑纱晚装。她办不到:不,她办不到。她默默地后退向我。我抬起手臂帮她:她的手臂落下。我捏住她的晚装的网一样柔软的边缘,拽出来钩扣的时候,透过黑纱的开口处看见她套在一件橘黄色汗衫里的柔软身体[2]。她肩膀处的系带滑脱了,汗衫慢慢地下落:一具柔软光滑的裸体,表面银色的细鳞闪亮。汗衫慢慢滑落到像抛光的白银铸就的紧凑的屁股上,滑落到屁股沟,一道生锈的白银似的阴影……手指,冰凉、平静、移动着……碰了一下,碰了一下[3]。

小而无智无助且细的呼吸。可是俯耳倾听:一个声音。黑天神车——震动着的震动大地者——轮下的一只麻雀。请,神先生,大神先生!再见,大世界!……可是这是一个卑鄙的伎俩[4]!

---

1 菲利泼·麦塞尔,其妻阿达·赫施·麦塞尔于1911年10月20日自杀。乔伊斯与菲利泼于1912年秋去为她扫墓。
2 埃玛·克莱瑞让斯蒂芬帮她穿短上衣:"她允许他的双手暂时歇在她双肩的温暖肌肤上"。(《英雄斯蒂芬》)
3 莫莉请求莱奥波尔德"摸咱一下,波尔弟"(《尤利西斯》第6章)。莱阿提斯与哈姆雷特斗剑,被刺中时喊道:"碰了一下,碰了一下"。(《哈姆雷特》)
4 此句原文为德语。

她细瘦的青铜色的鞋上硕大的蝴蝶结:一只娇生惯养的家禽的距[1]。

夫人走得飞快,飞快,飞快[2]……高地路上的纯净空气。的里雅斯特生冷地醒来:生冷的阳光照着它拥挤的褐瓦屋顶,龟甲的形状;一大群臣服的臭虫等待着一场民族解放。贝鲁欧莫从他妻子的情人的妻子的床上起身:那忙碌的主妇早已起床,眼睛又黑又大,手端一小碟醋[3]……高地路上的纯净空气:还有马蹄声[4]。一个少女骑在马背上。海达!海达·伽勃勒[5]!

卖主在他们的祭坛上奉献出第一批水果:带绿斑的柠檬、宝石般的樱桃、带叶子的羞赧的桃子[6]。马车穿过帆布棚货摊的小巷,轮辐在耀眼的闪光中转动[7]。让路!她的父亲和他的儿子坐在车厢里。他们具有猫头鹰的眼睛和猫头鹰的智慧。猫头鹰的智慧从他们的眼睛向

---

[1] 墨文·陶波伊斯太太对"那温顺的野狗""踩着她那叮铃作响的距突然发起怒来"。莫莉"肥胖得像一只娇生惯养的凸胸鸽"。(《尤利西斯》第 15 章)

[2] 此句出自一首儿歌。在"普洛透斯"篇中,斯蒂芬想象一具尸体"飞快飞快波动地浮向陆地"。(《尤利西斯》第 3 章)后来贝罗·寇恩骑着布鲁姆高喊:"夫人走得飞快,飞快"。(《尤利西斯》第 15 章)

[3] 乔伊斯在"普洛透斯"篇中把此段(自"的里雅斯特生冷地醒来"起)改写成对巴黎的描写。(《尤利西斯》第 3 章)

[4] 斯蒂芬的日记记载了"路上的马蹄声"(《艺术家青年时代肖像》)。

[5] 易卜生剧作《海达·伽勃勒》第二幕:海达·伽勃勒从前的伙伴埃吉勒特·洛弗伯格归来发现海达已嫁他人。两人单独在一起时,洛弗伯格回忆他们过去的亲密交往,拒不承认海达的新婚,仍厉声叫她的闺名"海达·伽勃勒"。

[6] 波伊兰在访问莫莉之前买了"熟透的羞赧的桃子"。(《尤利西斯》第 10 章)

[7] 狄里·迪达勒斯观看总督仪仗队游行,那马车经过,"轮辐在耀眼的闪光中转动"。(《尤利西斯》第 10 章)

外凝视,沉思着他们的《反异教徒论》[1]的学问。

她认为那些意大利绅士们把《世纪报》评论员埃托尔·阿尔毕尼从观众席里拖出去是对的,因为当乐队演奏国王进行曲时他没有起立[2]。这是她在吃晚饭的时候听说的。唉。他们爱他们的国家,当他们十分肯定那是哪个国家的时候[3]。

她听着:最恭谨的处女[4]。

裙子被她突然挪动的膝夹住;衬裙的白花边不期然被掀起;裹腿的长袜之网[5]。可以吗[6]?

我轻轻地弹奏,一边柔柔地唱着,约翰·道兰的慵懒的歌。《不愿

---

1 意大利多明我会神学家圣托马斯·阿奎那(1225—1274)的论著。
2 埃托尔·阿尔毕尼(1869—1954):意大利音乐评论家,为罗马社会主义《前进报》而非都灵《世纪报》撰稿,因反对王权、法西斯主义、民族主义而多次入狱。1911年12月17日,在楼梯剧院为在利比亚对土耳其人作战阵亡的意大利士兵家属和红十字会举行音乐会义演期间,奏意大利王国国歌《国王进行曲》时,他没有起立而遭驱逐。
3 这句话是 J. J. 欧莫洛伊针对犹太人说的。(《尤利西斯》第12章)
4 此语出自圣处女启应祷词。"恭谨"一词在启应祷词中意为"智慧";但乔伊斯的世俗化用法具有现代含义。
5 此景最近似"瑙西卡"篇中格蒂·麦克道韦维尔的暴露(《尤利西斯》第13章)。布鲁姆承认他"每天造访"的蜡像模特儿穿"蛛网长筒袜"。(《尤利西斯》第15章)
6 原文为意大利文,一般为仆人请求允许用语。

离去》¹：我也不愿走。那个时代即此地此时。此地，自欲望的黑暗中睁开的，是使破晓的东方变朦胧的眼睛，它们的微光是淌口水的詹姆士王宫廷的污水池上覆盖的浮沫的微光。此地有琥珀色的葡萄酒、甜蜜小曲的降调、高傲的孔雀舞、哑吭着嘴巴从阳台上求爱的善良贵妇、散发着梅毒恶臭的娼妇和一次又一次欢快地失身给强暴者的年轻主妇²。

在阴冷有雾的春天早晨，早晨的巴黎漂浮着淡淡的气味：大茴香子、潮湿的锯末、热面团：在我走过圣米迦勒桥的时候，铁青色的正在醒来的河水令我的心发冷³。河水蠕动，拍打着人们自从石器时代起就在其上定居的岛屿……巨大的雕饰古怪的教堂里黄褐色的阴暗处。就像在那天早晨一样冷：*因为天冷*⁴。在远处高高祭坛的台阶上，牧师们像主的肉身一样赤裸着，五体投地，无力地祈祷。一个看不见的诵读者的声音响起，吟诵着何西阿的教训。耶和华如是说：在他们的痛苦中，他们会早早地起身向我。来吧，我们归向耶和华⁵……她站在我身边，苍白而冰凉，裹着那罪恶般黑暗的殿堂的阴影⁶，她那细瘦的肘尖抵着我的胳膊。她的肌肤令人回想起那个阴冷、薄雾

1　《不愿离去》：英国作曲家约翰·道兰（?1563—1626）所作的歌。斯蒂芬想象自己弹奏着"一首伊丽莎白时代的优雅的歌，一首忧伤而甜蜜的《不愿离去》"（《艺术家青年时代肖像》）。

2　此段（自"此地"起）经改写用于《艺术家青年时代肖像》中。

3　此段经改写用于"普洛透斯"篇（《尤利西斯》第3章）中。

4　此句原文为拉丁文，出自《新约·约翰福音》第18章第18节。

5　耶稣受难日弥撒以神父礼拜和诵读《旧约·何西阿书》第6章第1—6节开始。自"耶和华如是说"以下即出自天主教圣经第1节，原文为拉丁文。

6　此句中意象与《夜景》（1915）一诗相呼应，但含义不同。

笼罩的早晨的刺激,匆匆而过的火把,冷酷的眼睛。她的灵魂充满忧伤,颤抖着,想要哭泣[1]。勿为我哭泣,噢,耶路撒冷的女子[2]!

我给听话的的里雅斯特讲解莎士比亚[3]:哈姆雷特,我曰,对文雅和单纯者彬彬有礼,而只对波洛纽斯粗暴无礼。也许,作为一个忍受痛苦的理想主义者,他在他爱人的双亲身上只能看到在生产她的形象的天性部分的古怪企图[4]。……你注意到了吗[5]?

她在我前面沿着走廊走着。她走着走着,一卷乌发慢慢地散开垂落下来[6]。慢慢地散开、垂落的头发!她并不知道,在我前面走着,单纯而骄傲[7]。就这样,她带着单纯的骄傲在但丁身边走着;就这样,不被血和强暴所污染,钦契的女儿,贝阿垂丝[8],走向她的死亡:

---

1 天主教《玫瑰经》中关于圣处女"忧伤"之神秘的默祷包括耶稣受难。
2 耶稣赴难途中劝告哀伤的妇女们所说的话(《新约·路加福音》第23章第28节)。在"喀尔刻"篇中,佐伊用希伯来文引用了此句。《尤利西斯》第15章》
3 乔伊斯自1912年11月至1913年2月在波波洛大学讲《哈姆雷特》。
4 斯蒂芬在他论莎士比亚的谈话中,宣称"与他同血统的其他男性形象会排斥他。他会在他们身上看到出于天性预言或重复他自己的古怪企图"(《尤利西斯》第9章)。
5 波洛纽斯看到哈姆雷特在观看演出时坐在奥菲莉娅而非他母亲身边,便问克劳狄乌斯:"你注意到了吗?"(《哈姆雷特》第3幕第2场)
6 斯蒂芬想象迪莉娅溺水并以"海草似的柔长发卷"裹挟着他(《尤利西斯》第10章)。在《流亡者》中,乔伊斯注释说,头发是"少女温柔成长的象征……一种骄傲而羞怯的本能使她的心思离开她正在松散的束发。"
7 有论者认为此形象可能得自罗塞蒂为但丁《新生》所作的一幅插图。
8 此名字不仅与但丁的贝阿垂丝和雪莱的贝阿垂丝·钦契有关,而且还被乔伊斯用于《流亡者》中(贝阿垂丝·扎斯提斯)。

>   ……替我
> 系紧腰带,把这头发扎起,
> 随便挽个什么简单的髻儿[1]。

女佣人告诉我,他们必须把她立即送往医院,可怜的人儿,她非常,非常痛苦,可怜的人儿[2],病情很严重……我离开她的空宅。我觉得就要放声大哭了。啊,不!事情不会像那样的,一会儿工夫,没有说一句话,没有看一眼。不,不!我肯定会祸中得福的!

动了手术。外科医生的手术刀刺入她的内脏又撤出来,在她肚子上留下皮肉开绽的生鲜切口。我看见她纯黑的痛苦的双眼,美得像羚羊的眼睛[3]。噢,残酷的伤口!淫荡的神!

再度坐在窗前椅上,她舌吐快乐的话语,快乐的笑声。一只鸟儿在风暴过后唧唧鸣叫,为它小小的愚蠢生命从一个患癫痫的主人和生命赐予者攥紧的指缝中扑腾出来而快乐,快乐地唧唧叫着,快乐地叽叽喳喳叫着。

她说,如果《艺术家肖像》只是为坦率而坦率,她就会问为什么我

---

1 引自雪莱《钦契》结尾处贝阿垂丝临终之言。
2 异体字部分原文为意大利文。
3 有论者认为此明喻仿自《钦契》中奥尔西诺对贝阿垂丝的描述:"我是个傻瓜,就像一头豹子/被羚羊的眼睛吓慌了,/如果她逃脱了"。

要给她看。哦,你会的,会吗? 一位文学女士[1]。

她身穿黑袍站在电话机前。小声的羞怯的笑,小声的叫喊,突然中断的羞怯的语流……**我要跟妈妈说话**[2]……来!小鸡,小鸡[3]!来!黑色的小母鸡受了惊吓——突然中断的小声的语流,小声的羞怯的叫喊——它在喊着要妈妈,那肥胖的母鸡。

歌剧院顶层的画廊[4]。发潮的墙壁渗出一股蒸汽似的湿气[5]。一曲气味交响乐使拥挤的人形融为一团:腋窝的酸臭[6]、滋射的橘汁、融化的美乳膏[7]、树脂水、晚饭吃了气味似硫黄的大蒜的口臭、臭磷味儿的屁、卡他夫没药[8]、可婚和已婚女人坦率的汗、男人的肥皂臭……整个晚上我都盯着她,整个晚上我都要看见她:编辫且高挽的头发、橄榄般椭圆的脸、平静柔和的眼睛。她头上扎一条绿色束发带,身着一

---

1 在"普洛透斯"篇中,斯蒂芬想起"在豪吉斯·菲基斯家窗口的处女",她"伴着一缕哀伤和各种小玩意儿住在里森公园,一位文学女士"。(《尤利西斯》第3章)
2 此句原文为意大利文。
3 在"卡吕普索"篇中,布鲁姆嘲笑猫"害怕小鸡"。(《尤利西斯》第4章)
4 原文为意大利文。
5 斯蒂芬回想"在一间厕所渗水的墙上读到的下流涂写"(《艺术家青年时代肖像》)。
6 勾搭斯蒂芬的妓女发出"一股古老的汗臭味儿"(《英雄斯蒂芬》)。佐伊"以她腋窝的臭味儿……曾经占有过她的所有雄兽的狮子气味儿"引领着布鲁姆(《尤利西斯》第4章)。
7 布鲁姆因畅销书《偷情的快乐》而想象"融化的美乳膏"和"腋窝的葱头味儿似的汗味儿"。(《尤利西斯》第4章)
8 一种从土耳其和东印度群岛进口的香料。"莫莉喜欢卡他夫没药"(《尤利西斯》第13章)

件绿色绣花晚礼服：大自然的植物玻璃暖房和葱茏的青草——坟墓的头发——的迷幻色彩[1]。

我的话在她的脑中：冰凉的磨光的石头沉入一潭泥沼[2]。

那些平静冰凉的手指触摸过这些纸页，无论好坏，我的耻辱将在上面永远闪耀。平静、冰凉、纯洁的手指。它们从未做过错事吗？

她的身体没有气味：一朵无香味的花。

在楼梯上。一只冰凉柔弱的手——羞涩，沉默——柔情泛滥的黑眼睛——倦意[3]。

荒野上灰色雾气涡卷的花环。她的脸色，多么灰暗严肃！湿乎乎的乱发。她的嘴唇轻柔地压迫，她的叹息通透过来[4]。接吻了。

我的声音，在话语的回声中消逝，就像永生者穿过回声的群山召唤

---

1 有论者指出乔伊斯模仿惠特曼，后者把草比作"美丽的不加修剪的坟墓的头发"（《我自己的歌》第6节）。
2 克阮利"为所有逝去的友谊所作的墓志铭"沉入斯蒂芬的脑中，"就像石头沉入一潭泥沼"。（《艺术家青年时代肖像》）
3 在《艺术家青年时代肖像》中，乔伊斯将此句改写成："她的双眼，黑而含有一丝柔情，朝他的双眼睁开。"
4 斯蒂芬初遇一妓女时，感到"她轻柔地张开的双唇。它们压迫在他的大脑上，一如压迫在他的嘴唇上"（《艺术家青年时代肖像》）。斯蒂芬的母亲"把她那带有湿灰味儿的气息呼到他脸上"（《尤利西斯》第15章）。

亚伯拉罕的、厌倦了智慧的声音一样消逝。她倚靠着垫枕头的墙壁：奢华朦胧中的宫女形象¹。她的眼睛饮干了我的思绪：我的灵魂，本身就在融化，向她那女性的湿润温暖顺从欢迎的黑暗中倾泻注入一股液体和大量精子²……谁愿意现在就占有她！……

我从拉里家里出来的时候³，突然遇见了她，因为我们俩都在给一个盲乞丐施舍。她转过又移开她那黑色的蛇妖眼睛⁴，作为对我突然打招呼的回答。它用眼光毁灭了看见它的人。我谢谢你这句话，布鲁内托先生⁵。

他们在我脚下为人子铺了地毯。他们等待我走过。她站在大厅的黄色阴影里⁶，一袭方格呢披风为她沉坠的双肩遮挡风寒：在我纳罕地驻足四下张望时，她冷冰冰地跟我打招呼，然后走过去登上楼梯，一刹那间从她那呆钝斜视的眼睛里朝我射出一股淫荡的毒液⁷。

---

1 佐伊的"宫女嘴唇""抹得俗艳不堪"（《尤利西斯》第 15 章）。
2 斯蒂芬看见那少女后，他的灵魂融化了，"在周天泛滥"。后来是同样的想象性占有："她裸身顺从于他，光泽、温暖、芳香、四肢丰腴，像一朵辉煌的云彩包裹起他，像有生命的活水包裹起他……"（《艺术家青年时代肖像》）
3 阿姆布罗吉奥·拉里男爵（1878—1938）：意大利人，乔伊斯的学生。
4 贝罗的眼光像"厉害的蛇妖眼光"（《尤利西斯》第 15 章）。斯蒂芬想象一个牧师"抓着圣体匣，目光如蛇妖"（《尤利西斯》第 3 章）。
5 异体字部分原文为意大利文，引自布鲁内托·拉提尼（?1210—1295）《宝藏》。"斯蒂芬抵抗着那双在枯皱的眉头下闪着冷光的邪恶眼睛的剧毒。一个蛇妖。他毁灭了看见他的人。布鲁内托先生，我谢谢你这句话。"（《尤利西斯》第 9 章）
6 此部分近似布鲁姆的梦，其中有"开敞的门厅。满街的娼妓……铺展的红地毯"（《尤利西斯》第 3 章）。
7 在"喀尔刻"篇中，"那鸨母"朝斯蒂芬和林赤吐出"一股毒液"。（《尤利西斯》第 15 章）

一幅柔软起皱的豆绿色布帘悬挂在休息室。一间窄小的巴黎房间。理发师刚才躺在这里。我亲吻她的长袜和黑锈色蒙尘的裙边。这是另一个。她。果伽蒂昨天来受到引见。是因《尤利西斯》之故。知识界良心的象征……那么说是爱尔兰[1]？那丈夫呢？穿着布鞋在走廊里散步或在跟自己下棋。为什么我们被撇在这儿？理发师刚才躺在这里，把我的头夹在她疙里疙瘩的双膝间……我的种族的知识界象征[2]。听！俯冲的黑暗已经降临。听！

——我不信服这样的脑力或体力活动可以被称为不健康——
她说话。来自冰冷的群星之外的微弱声音[3]。智慧的声音。说下去！哦，再说，使我变睿智！这声音我从未听见过[4]。

她沿着揉皱的休息室朝我盘绕而来。我不能动，也不能说话。点缀着星形图案的肉体盘绕逼近[5]。智慧的通奸。不。我要走。我要。

——吉姆，亲亲！——
柔软哑吮着的嘴唇亲吻我的左腋窝：万千经脉上一个盘绕的吻。我

1　斯蒂芬想象着一群爱尔兰妇女听众，不知如何"打动她们的良心……以使她们可能生育一个不比她们自己卑贱的种族"（《艺术家青年时代肖像》）。

2　此句令人想到斯蒂芬对爱尔兰妇女的评价："她的种族和他自己的种族的一个典型，一个蝙蝠似的灵魂在黑暗中醒来，只意识到它自身……"（《艺术家青年时代肖像》）

3　斯蒂芬醉舞出神，只觉"群星围着太阳直转"，他母亲开始对他说出一句"无声的话"。（《尤利西斯》第15章）

4　斯蒂芬向他母亲的魂灵乞求智慧："告诉我那句话，母亲，要是你现在知道的话。所有人都知道的那句话。"（《尤利西斯》第15章）

5　米莉·布鲁姆出现于"太阳之牛"篇中，一张薄纱围绕"她那点缀着星形图案的肉体，……盘绕着，纠缠着……无数象征的变形"（《尤利西斯》第14章）

燃烧。我像一片燃烧的树叶皱起!从我的右腋窝蹿出一条火舌[1]。一条星光闪闪的蛇吻了我:一条冰凉的夜游蛇[2]。我迷失了!

——娜拉!——

冉·皮埃特斯·斯韦林克。那荷兰老乐师的古怪名字使所有的美都显得古怪而遥远。我听过他为翼琴作的一首古曲的变奏:《青春有尽时》[3]。在古老的音响的迷雾里,一个暗淡的亮点出现:灵魂的话语就要被听到。青春有尽时:尽头就在此。它将永不存在。你深知这一点。那又怎样?写下它,你这该死的,写下它!你还擅长别的什么?

"为什么?"

"因为否则我就见不到你。"[4]

滑行——空间——岁月——星星的叶子——还有衰落的天国——寂静——和更深沉的寂静——虚无的寂静——还有她的声音[5]。

---

1 多兰神父的藤鞭使斯蒂芬"颤抖的手像一片树叶在火中皱起"。弗莱明在他挨打后"把他的手夹在他的腋窝下"。(《艺术家青年时代肖像》)
2 在"斯库拉与卡律布狄斯"篇中,斯蒂芬让伊芙受奸污:"一条蛇缠绕着她,呲着毒牙吻她。"(《尤利西斯》第9章)
3 斯蒂芬对布鲁姆谈论此歌:"他现在在描述一首冉·皮埃特斯·斯韦林克所作名为《青春有尽时》的曲子的微妙变奏……"(《尤利西斯》第16章)
4 此句多次出现于《流亡者》中。
5 在"喀尔刻"篇中,斯蒂芬因醉舞而晕眩,几至虚无状态:"红色的秧鸡飞向虚空。群星围着太阳直转。明亮的蚊虫在墙上跳舞。他停下,死过去了。""她的声音"变成斯蒂芬母亲的声音。(《尤利西斯》第15章)

不是这人,而是巴拉巴!¹

无精打采。一套光秃秃的公寓。阴沉沉的天色。一架长条黑色钢琴:音乐的棺材²。琴的边沿上放着一顶女帽,上缀红花,和一把雨伞,收拢着³。她的纹章:一个头盔,红色,和钝矛⁴,在黑色地子上⁵。

跋:爱我,就爱我的雨伞。

1　原文为拉丁文,出自《新约·路加福音》第 23 章第 18 节。
2　在"喀尔刻"篇中,"自动钢琴棺材"(《尤利西斯》第 15 章);莫莉的钢琴是"盖上的棺材"(《尤利西斯》第 17 章)。
3　"斯蒂芬站在一架自动钢琴旁,上面躺着他的帽子和手杖"(《尤利西斯》第 15 章)。
4　"斯蒂芬低头看着一顶宽边帽,挂在他膝上的手杖上。我的头盔和剑"(《尤利西斯》第 9 章)。
5　有论者指出此语仿自霍桑《红字》的结尾"在黑色地子上,A 字,红色的"。

叶芝短篇小说一篇

导读

叶芝的短篇小说《高傲的寇斯特罗、麦克德尔莫特的女儿和恶毒的舌头》出自短篇小说集《隐秘的玫瑰》(1897)。以下译文为首次汉译,发表于《叶芝精选集》(北京燕山出版社,2008)。

高傲的寇斯特罗、麦克德尔莫特之女和毒舌

[爱尔兰] 叶芝

寇斯特罗从野地上来，在他的四方碉楼门前地上躺倒，双手垫着脑袋望着夕阳，思忖着天气的好坏。虽然在英格兰渐已过时的伊丽莎白和詹姆士王朝的服饰现已开始在上流人士中间流行，他依然穿着爱尔兰本土的大斗篷；他脸上不为所动的自信和他那壮硕的身材具有一种更单纯时代的骄傲和力量。他的眼光从落日游移到那长长的白色道路在西南方地平线以外消失之处，又落到一个慢慢艰难地爬上山坡的骑马人身上。又过了几分钟，骑马人近了，在苍茫的暮色中都可以看清他瘦小而丑陋的身形、他的爱尔兰长斗篷和挂在肩上的破旧风笛，还有他身下那匹鬃毛粗乱的矮脚马了。一到能彼此听清说话声的距离，他就开始喊叫："图毛斯·寇斯特罗，好男儿在白色大路上断肠之时，你却在睡大觉吗？起来，高傲的图毛斯，我捎信来了！起来，你这大傻瓜！从地上爬起来，你这没用的家伙！"

寇斯特罗站起身来，等那风笛手来到跟前，一把抓住他的脖领子，把他从马鞍上拎下来，摇晃着。

"放开我，放开我。"对方叫道，可是寇斯特罗仍然摇晃着他。

"我捎来了麦克德尔莫特的女儿乌娜的口信。"粗大的手指松开了，风笛手掉到地上大口喘着气。

"你干吗不早告诉我，"寇斯特罗说，"你是从她那儿来的？你本来可以骂个够。"

"我是从她那儿来的,可是你摇了我,我得得到赔偿才说。"

寇斯特罗伸手去摸索钱袋子,因为手发抖,摸索了好一会儿才打开。"这是我袋子里所有的钱。"他说着,把几枚法兰西和西班牙硬币丢到风笛手的手里。风笛手先逐个咬了咬那些硬币,然后才开口答话。

"这就对了,这价钱还算公道,可是我得受到很好的保护才说,因为如果麦克德尔莫特家的人日落后在随便哪条小道上或大白天在河谷逮着我,我就会被丢到沟里在荨麻丛中烂掉,或者被吊在去年五月节他们吊盗马贼的地方吊上四年。"他一边说着,一边把矮脚马的缰绳拴在一截揳在墙里的锈铁棒上。

"我会让你当我的风笛手和亲随,"寇斯特罗说,"没人敢动图毛斯·寇斯特罗的人或狗一手指头。"

"我得手端一杯威士忌,"对方把马鞍抛在地上,说,"才把口信告诉你,因为虽然我衣衫破烂,肚子空空,但我的祖先从前却穿得好吃得饱,直到七百年前他们的房子被狄龙家的人烧毁,牲口被赶走。我将来会看见狄龙家的人在地狱的火架子上惨叫的。"

寇斯特罗领他登上狭窄的盘旋石梯,进入铺着灯芯草的卧室——那里没有一件已经开始在乡绅中间流行的舒适用品。寇斯特罗指指大烟囱里的一个座位,等风笛手坐下后,斟满一角杯酒,放在他身边的地板上,又把酒罐也放在旁边,然后转向他说:"达利之子杜阿拉赫,麦克德尔莫特的女儿会不会到我这儿来?"

"麦克德尔莫特的女儿不会到你这儿来,因为她父亲分派了些女人监视着她,但我要告诉你,下星期的这一天将是圣约翰节前夕,也是她与湖区的麦克纳马拉订婚之夜;她想让你到场,好在他们要她向最爱的人敬酒的时候,她可以向你,图毛斯·寇斯特罗,敬酒,让所有人知道她的心在哪里;而我本人忠告你带些随从去,因为我亲眼看见了盗马贼。"说完,他把喝干了的酒杯举向寇斯特罗喊道:"再把我的酒杯倒满!但愿有一天世上的水全都缩进一只海螺壳里,我就可以只喝威士忌了。"

他发现寇斯特罗没有反应,只是坐着出神,就大发雷霆:"倒满我的酒杯,我命令你,这世上还没有哪个姓寇斯特罗的有那么了不起,都不伺候姓达利的了,哪怕姓达利的背着风笛在路上流浪,姓寇斯特罗的有一座秃山包、一幢空房子、一匹马和一小撮奶牛。"

"你尽情赞美达利家族吧,"寇斯特罗一边斟着酒一边说,"因为你给我捎来了我爱人的好话儿。"

在随后的几天里,杜阿拉赫四处寻访,试图招募一支卫队。他遇到的每一个人都知道些寇斯特罗的故事:这个讲,他还是个半大小子时,就杀死了一个大块头的摔跤手——他把皮带箍在两人腰间使劲紧勒,勒断了那摔跤手的脊椎;那个说,他跟人打赌,把一匹匹烈马从渡口拽过河去;还有人说,他长大成人后,在梅约郡折断过纯钢马蹄铁。但是没有人愿意把自己的性命托付给一个又烈性又贫寒的人,去跟羊场的麦克德尔莫特和湖区的麦克纳马拉那样有爱心又有钱的人作对。

于是,寇斯特罗亲自出门,带回来一个大块头二傻子、一个因他力气大而崇拜他的雇农、一个其祖先曾为他家服役的胖富农,还有两个替他照看牛羊的后生,让他们在壁炉前排好队。他们随身带来了沉重的棍棒,寇斯特罗又给每人发了一把老手枪,让他们彻夜一边饮酒,一边射击他用烤肉扦子插在墙上的一只白萝卜。杜阿拉赫坐在烟囱里的板凳上,用他那老风笛吹奏着"绿绿的灯芯草捆""温浔溪"和"薄莱夫尼的王子",时而挖苦众枪手的模样,时而臭损他们拙劣的枪法,时而嘲笑寇斯特罗没有更像样的仆从。雇农、二傻子、富农和后生们都很习惯了杜阿拉赫的粗言恶语,但他们对寇斯特罗的宽容忍耐感到纳闷:他很少参与丧礼或婚礼;假如经常参与的话,他就不会对一个说三道四的风笛手这么有耐心了吧。

次日黄昏,他们出发去河谷。寇斯特罗骑一匹还看得过去的马,佩一把剑;其余的人骑鬃毛粗乱的矮脚马,腋下夹着棍棒。他们在泥炭沼地和山间小路上纵马而行时,可以看见一个个山头上,远近处处有篝火相互呼应,处处有人群在泥炭的红火光中跳舞。来到麦克德尔莫特家,他们看见门前有非常大的一群穷人正在围着火堆跳舞;人群中央是一只燃烧的大车轮;大门和两侧的射击孔透出里面的烛光,传出许多只脚齐跳伊丽莎白和詹姆士王朝宫廷舞蹈的声音。

他们把马匹拴到矮树上,因为从已经如此拴着的马匹数量可以看出,马厩已经满了。他们排开站在门口的一群农人,来到舞会所在的大厅。雇农、二傻子、富农和两个后生混在了一群挤在墙凹里旁观的用人当中;杜阿拉赫捧着风笛坐在用人的条凳上;只有寇斯特罗一个人穿过跳舞的人们,径直来到麦克德尔莫特跟前。麦克德尔莫特正站在那里倒酒,麦克纳马拉站在他旁边。

"图毛斯·寇斯特罗,"老人说,"你不计前嫌,来参加我女儿的订婚喜宴,是干了件好事呀。"

"我来,"寇斯特罗回答,"是因为当初我的祖先安伽罗的寇斯特罗征服了你的祖先,后来讲和了,订下了一个契约,就是从此以后直到永远,姓寇斯特罗的可以带着亲随和风笛手出席姓麦克德尔莫特的举办的每一次宴会;姓麦克德尔莫特的也可以带着亲随和风笛手出席姓寇斯特罗的举办的每一次宴会。"

"要是你打着坏主意、领着带家伙的人来的话,"麦克德尔莫特红了脸说,"哪怕你摆弄武器的技艺再高强,也没你的好果子吃,因为我岳家有人从梅约郡来了,我的三个兄弟带着仆从也从公牛山上下来了。"他说话的时候,一只手一直插在大衣里面,好像攥着一柄武器。

"不",寇斯特罗回答,"我只是来跟你女儿跳一场分手舞的。"

麦克德尔莫特把手从大衣里面抽出来,走向一个白皙的少女。她正站在不远处,柔顺的眼光盯着地面。

"寇斯特罗跳分手舞来了,因为他知道你们将不再彼此相见。"

寇斯特罗牵着她走进跳舞的人们中间;她温柔而谦恭的目光一直脉脉含情地盯着他高傲而烈性的姿态。他们加入了孔雀舞的行列。这种高雅的舞蹈偕同撒拉本舞、加利亚舞和莫里斯舞[1]一道,把早先流行的节奏较快、夹杂着歌唱、表演的舞蹈逐出了几乎整个上流社会,除了爱尔兰本土味儿最浓的个别地区之外。他们跳着跳着,不知不觉一股厌世、忧郁、彼此怜惜之情袭来,这正是爱情的升华。一曲终了,风笛手们放下风笛,端起酒杯。这时候,他们稍微与他人分开站着,若有所思地默默等待着舞蹈重新开始;他们心中的烈

---

[1] 均为十六至十七世纪间流行的慢拍子西班牙舞蹈。

火再度腾起,把他们重新包裹起来。他们就这样在长夜里跳了孔雀舞又跳撒拉本舞、加利亚舞、莫里斯舞。许多人都静立着看他们跳;农人们挤在门口朝里窥望,仿佛他们心里明白,多年以后他们将对围绕膝前的孙儿辈讲述,他们见过寇斯特罗与麦克德尔莫特的女儿乌娜共舞的情景;在载乐载舞的整个过程中,麦克纳马拉四处走动,大声说着话,开着愚蠢的玩笑,好让人看来似乎一切正常;老麦克德尔莫特的脸变得越来越红,一心直盼天明。

终于,他看到结束的时刻到了,就趁一场舞罢的当儿,大声宣布他女儿现在要饮订婚酒了。于是乌娜走到他跟前;宾客们站成半圈;寇斯特罗靠近墙壁;风笛手、雇农、富农、二傻子和两个农村后生紧挨在他身后。老人从壁龛里拿出一只银杯——她母亲和她母亲的母亲曾经用它来饮她们的订婚喜酒——给其中斟满西班牙葡萄酒,递给女儿,照惯例说道:"向你最爱的人敬酒吧。"

她端着酒杯在嘴唇上贴了一下,然后用柔和而清晰的声音说:"我敬我的真爱,图毛斯·寇斯特罗。"

然后酒杯翻滚在地上,像铃铛似的当当直响,因为老人打了她一耳光,把酒杯打掉了。接着是深沉的静默。

这时从墙凹里走出来的仆人当中有许多是麦克纳马拉的人,其中一个是在麦克纳马拉家的厨房里享有一席之地的说唱艺人。他从腰带里抽出一把法国刀子,可是一瞬间就被寇斯特罗打倒在地。要不是挤在门口的农人们和他们身后围上来的人们发出小声嘀咕和大声叫喊,很快就会听到钢铁的撞击声,因为人人都知道,这些都不是女王[1]的爱尔兰顺民,而是伽勃拉湖和卡拉湖周围聚居的爱尔兰野人,诸如凯利家族、多克瑞家族、朱瑞家族、欧雷根家族、马洪家族、拉文家族的子孙;他们的孩子的右臂在出生时都不受洗礼,以便打起架来更有力;据说他们甚至还认狼给孩子做干爹。

寇斯特罗紧握剑柄的指关节早都变白了,但这时他把手松开,向门口走去;与他同来的人跟在他身后。跳舞的人们纷纷给他让路。他最为愤怒,走得也最慢,眼睛扫视着小声嘀咕和大声叫喊的农人,但有的人高兴,走得轻快,因为他赢得了光荣的名声。他经过既凶悍又友善的农人的脸孔,来到拴马的地方,同他的卫队先后上了马,驰入狭窄的小路。他们跑出一段路程后,跑在最后的杜阿拉赫转回头,朝着站在房前的一小群麦克德尔莫特族人和麦克纳马拉族人以及旁边的一大群乡下人大喊:"麦克德尔莫特,你这会儿活该倒霉,因为你对风笛手、提琴手、穷困的旅人总是手紧抠门。"他还没喊完,来自公牛山的三个老麦克德尔莫特就已跑向他们的坐骑;老麦克德尔莫特自己也抓住了属于麦克纳马拉家族的一匹矮脚马的笼头,同时招呼其他人跟他去。要不是乡民们从火烬里捡起仍在燃烧的木棍,扔向马群当中,把马惊得挣脱抓住它们的人之手,四散跑向田野的话,就会发生一场恶斗,死伤许多人。在马匹被重新找回聚拢之时,寇斯特罗已经跑远了。

在随后的几个星期里,寇斯特罗并不缺乏有关乌娜的消息,因为时而有一个卖鸡蛋的女人,时而有一个朝觐圣井的男人或女人,会告诉他,他的爱人在圣约翰节前夕之后就病倒了,她好点儿了或

---

1 指英国女王。当时爱尔兰为英国殖民地。

者她病得更厉害了。

终于，一个仆人骑马来到正在帮他那两个后生割草的寇斯特罗面前，递给他一封信，就掉转马头走了。信中用英语写着这样的话："图毛斯·寇斯特罗，我女儿病得很厉害。你要是不来看她，她就会死了。你用诡计偷走了她的安宁，所以我命令你来看她。"

寇斯特罗扔下镰刀，派一个后生去找杜阿拉赫；他自己则给他和杜阿拉赫的马备鞍。

他们来到麦克德尔莫特家时，已是将近黄昏时分。伽勃拉湖在他们的下方平躺着，幽蓝而凄凉。虽然他们在远处的时候看见有几个黑色的人影在房门附近走动，但是那房子显得相当凄凉，不下于那湖水。房门半开着，寇斯特罗敲了又敲，却无人答应。

"里面没人，"杜阿拉赫说，"因为麦克德尔莫特太高傲了，不会欢迎高傲的寇斯特罗的。"他猛地推开门。他们看见一个衣衫褴褛、肮脏衰迈的老妇人，正靠墙坐在地板上。寇斯特罗认得那是卜丽吉·狄拉尼，一个又聋又哑的乞丐。看见他后，她站起身来，做了个手势让他跟随她，领着他和他的伴当上楼穿过一道长廊来到一扇关着的屋门前。她推开屋门，走开到一边去，像先前一样坐下；杜阿拉赫也坐在地上，但靠近门口；寇斯特罗走进去，看见乌娜在床上熟睡。他坐在她旁边的椅子上，等着。过了很长时间，她仍然睡着。于是杜阿拉赫从门口打手势要他叫醒她，但是寇斯特罗让他不要出声，好让她接着睡。他随后转向杜阿拉赫说："她的亲人都不在场，我待在这儿不大妥当，因为庸人总是喜欢挑剔美人。"于是他们走下楼，站在房子的大门口等待，但是夜幕已降临，还是没有人来。

"愚蠢的人才把你叫作高傲的寇斯特罗呢,"杜阿拉赫终于说,"如果他看见你在他们只留下一个乞丐欢迎你的地方等啊等的。应该把你叫作谦恭的寇斯特罗才对。"

于是寇斯特罗上了马,杜阿拉赫也上了马,但是在他们走出一小段路程后,寇斯特罗扯紧缰绳,让马停了下来。过了许多分钟,杜阿拉赫大声喊起来:"难怪你害怕得罪麦克德尔莫特呢,因为他有兄弟朋友;他虽然老了,但还是个强壮火暴的人;他属于女王的爱尔兰人,盖尔人[1]的敌人都站在他一边。"

寇斯特罗脸红了,望着那房子的方向回答说:"我凭圣母之名发誓,在我渡过布朗河之前,如果他们不派人来追我,我就永远不再回到那儿去了。"他继续前行,但走得非常慢,直到太阳已落下,蝙蝠开始在泥炭沼地上飞舞。他来到河边,在岸上逗留了一会儿,但很快就驱马走入中流,停在一处浅滩中。杜阿拉赫却渡过河去,在对岸高处等待着。过了好一会儿,杜阿拉赫又大声叫喊起来,这次语气非常刻毒:"傻瓜才生了你养了你;傻瓜才说你出身古老的名门望族,因为你出身黄脸乞丐,挨家挨户向佣人们点头哈腰。"

寇斯特罗垂着头,驱马过了河,站到他身边,还未来得及开口说话,就听见对岸嗒嗒马蹄声响,一个骑马人哗啦啦蹚水走向他们。那是麦克德尔莫特的一个仆人。他经过剧烈的驱驰,气喘吁吁地说:"图毛斯·寇斯特罗,我来请你回到麦克德尔莫特家去。你走后,他的女儿乌娜醒来叫你的名字,因为她梦见了你。哑巴卜丽吉·狄

---

[1] 即凯尔特人,英国殖民者入主爱尔兰之前的爱尔兰主要居民。

拉尼看见她的嘴唇在动,就来到我们在房子上方树林里的藏身之处,抓住麦克德尔莫特的大衣,把他拽到他女儿面前。他看她不对劲儿,就教我骑上他自己的马来尽快请你回去。"

于是寇斯特罗转向风笛手杜阿拉赫·达利,抓住他的腰,把他从马鞍上拎起来,朝河里的一块巨石掷去;后者顿时没了命,沉入河水深处。然后,他用马刺猛磕坐骑,沿着河岸狂奔向西北,直到来到另一处更平坦的浅滩,看见升起的月亮映在水中。他犹疑不定,驻停片刻,然后驰入浅滩,马不停蹄地跑上公牛山,再朝下冲向大海。他的两眼几乎不间断地一直盯着月亮。但是,他的马,由于他不断地用马刺扎它,早已汗如雨下、气喘吁吁了,这时沉重地倒下,把他抛在了路边。他试图让它站起来,但没有成功,就独自走向月光;来到海边,看见一艘双桅船下碇停泊在那里。由于大海阻路,他无法继续前行,又觉得非常累,夜非常冷,就走进海边的一家无照酒馆,一头倒在长椅上。屋里聚满了西班牙和爱尔兰水手,他们刚刚走私了一船葡萄酒,正等待顺风以再度出海。一个西班牙人操着蹩脚的盖尔语[1]请他喝一杯。他喝完了就开始滔滔不绝地胡言乱语起来。

大约三个星期之中,风不是朝海岸上吹,就是风力太大;水手们待在那里喝酒、聊天、玩牌;寇斯特罗跟他们待在一起,睡在酒馆里的长椅上,比谁都喝得多,说得多,玩得多。他很快就输掉了仅有的一点钱,然后是长斗篷、马刺,甚至靴子。终于,一股轻风吹向西班牙;水手们划小船登上双桅船;不大一会儿工夫,船帆就落到地平线以下去了。于是,寇斯特罗转身回家,他的生命力在他

---

[1] 即爱尔兰语,凯尔特人的民族语言。

前面打着哈欠；他走了一整天，在黄昏时分来到自伽勃拉湖附近通往凯湖南岸的大路上。在这里，他赶上了一伙农民；他们极慢地跟着两个教士和一队穿着考究的人走着，其中一些人抬着一具棺材。他拦住一个老头儿，问这是给谁送葬，他们是谁的人。老头儿回答说："这是给麦克德尔莫特的女儿乌娜送葬去；我们是麦克纳马拉和麦克德尔莫特家的人及其友好；你是害死了她的图毛斯·寇斯特罗。"

寇斯特罗经过愤怒地盯着他的人们，走向队伍前头，脑子里对听见的话半懂不懂。很快，他又停下来问，这是给谁送葬；一个男人回答："我们抬着被你害死的麦克德尔莫特的女儿乌娜，去特立尼塔提斯岛上葬她。"这人捡起一块石头，掷向寇斯特罗，砸在他的脸颊上，打得他血流满面。寇斯特罗继续前行，几乎感觉不到打击，来到棺材周围的人跟前，挤到他们中间去，用手按着棺材，大声问道："谁在这棺材里？"

三个来自公牛山的老麦克德尔莫特捡起石头，并教身旁的人也照样做。他被从大路上驱赶开去，身上布满伤痕。

送葬队伍过去之后，寇斯特罗又开始跟踪，远远看见棺材被放到一艘大船里；周围的人进了别的船里；船只在水面上缓缓移动，往特立尼塔提斯岛驶去。过了一段时间，他看见船只回来了，船上的人与岸上的人混合起来，又都四散走上了条条大路和小路。他觉得乌娜正在岛上的某处温柔地微笑；等所有人都走光了之后，他朝着船只曾经行驶的方向涉水而去，在毁圮的修道院旁边发现了新坟，就纵身扑到上面，呼唤着乌娜，叫她到他跟前来。他在那里躺了一整夜接着又是一整天，时不时地叫她到他跟前来，可是到了第三夜，他已经忘记了她的遗体躺在地下土里，只知道她在附近某处，不愿意到他跟前来。

恰恰在黎明之前，农人们听见他那鬼一般的声音在呼号；他大声呼喊："你要是不到我跟前来，乌娜，我就走了，再也不回来啦。"他的话音未落，一阵阴冷的旋风扫过岛屿；他看见风中仙女们翩翩掠过，然后是乌娜，但不再微笑，因为她迅疾而愤怒地掠过；经过他身边时，她扇了他一记耳光，大喊着："那就走吧，永远别再回来。"

寇斯特罗从坟墓上站起身来，什么也不明白，只知道他惹心上人生气了，她希望他走开，于是涉水进入湖中，开始游水。他游着游着，四肢却似乎懒洋洋的，难以令他漂浮；游了一段路程，他就毫不挣扎地沉了下去。

次日，一个钓鱼人在湖边的芦苇丛中发现他躺在白沙之上，就把他背回了自己家。农人们唱着哭丧歌哀悼他，把他葬在特立尼塔提斯岛的修道院里，只隔着毁圮的祭坛与麦克德尔莫特之女相邻，并在两座坟墓之上栽种了两棵桦树。日后，它们的枝叶交织在了一起。

法雷尔短篇小说一篇

导读

詹姆斯·托马斯·法雷尔（James Thomas Farrell, 1904—1979）是美国小说家、诗人。他最有名的作品长篇小说《斯塔兹·洛尼根》三部曲，由于在1960年被改编成电影，1979年被改编成电视连续剧而家喻户晓，其最初的雏形就是短篇小说《斯塔兹》。以下译文最初发表于《20世纪外国短篇小说编年·美国卷》（人民文学出版社，2002）。

斯塔兹

[美] 詹姆斯·托马斯·法雷尔

外头下着雨;雨水狂泻,像无数机关枪射出的子弹;雨水噼噼啪啪打在湿地上,铺下无边无际的银色水晶。远在奥里维特山上的斯塔兹的坟墓会湿得一塌糊涂,笼罩着浇过水的土地和鲜花的湿润清香。斯塔兹的家人会在南边的公寓里,朝窗外眺望,想着那寒冷、潮湿的坟墓和那阴暗、泥泞的墓园,想着他们的斯塔兹竟长眠安息,平静地接受了那被蛆虫啃啮的结局,那众生共同的命运。

上个星期一晚上,为斯塔兹守灵的人个个悲伤,哀悼那么优秀的一个二十六岁的青年人竟因患双肺炎而那么突然就去世了,就像飓风中一片落叶被吹出这世界之外。他们叹息;女人和女孩们哭泣;人人都说这太惨了。但是,让他们感到安慰的是,他死前曾得见神父,并领受了涂油礼,而不是像斯波特·墨菲那样在酒馆斗殴中死于非命。可怜的斯波特!他是个好人儿,结实得要命。可怜的斯塔兹!

殡仪操办人(很可能是过去在老教区礼拜堂当看门人的老头欧里迪)把斯塔兹装殓得很漂亮。他身着深黑色套装,系白色丝绸领带。他的双手交叠在腹前,握着一对黑色念珠。他头枕缎子床单,顶上放置一精神花束,与斯塔兹的大鼻子成一直线。他看上去很英俊,平整的脸上没有一丝痛苦的痕迹。但是,那精神花束(他的灵魂得以安全抵达天国的进一步保证)却是个鬼把戏。最后的圣餐礼也是一样。因为斯塔兹在天国会很惨,比他在那些星期天夜晚更惨,当时他在第五十八街的老台球屋和高架铁路车站游来荡去，等待着什么事情发生。他会觉得那永久幸福和美好之国枯燥乏味而心生怨愤。在天国将会无事可做，只有在无尽的永恒之中等待。不会有妓院、非法酒馆、娼妓（除非她们被改造了）和赌窟；却也不会缺少粉刷工。他将在黄金铺地的街上往来闲逛，那里连台球屋的影子也看不到；他会想念保利·哈戈蒂、斯波特·墨菲、阿诺德·希罕和辛克·韦伯，他们可能都同在地狱里，因为不曾有神父到场给他们玩鬼把戏。

我想这些事儿的时候正站在棺材旁边，等着汤米·多伊尔、莱德·凯利、莱斯和乔匆匆念完几句怀念斯塔兹的祷告词。他们朝他那已经被祷告浸透了的灵魂泼上一通"万福马利亚"和"我们的父"之后，我们就退出，进了餐厅。

数年前，我还是老教区学校的五年级小学生，斯塔兹已经在上毕业班了。他是学校里的首领之一，白净脸，金头发，打架特溜，汤米·多伊尔、莱德·凯利或第五十八街帮的任何一个家伙都从来不曾跟他顶过嘴。他是校橄榄球队的四分卫，很招女孩喜欢。

我最初对他有具体印象是在一个下雨的秋天午后。迪克·巴克福特和我正在海伦·夏尔斯家屋前玩闹，我们抱起双臂彼此冲撞着。我们从未想到打架，只是一味互相推、掀、冲撞。斯塔兹、莱德·欧康奈尔、塔比·康奈尔、多诺休兄弟和吉姆·克雷本走了过来。斯塔兹怂恿我们打起架来；我给了迪克一个血花鼻。斯塔兹祝贺我，并说我可以跟他们一起去莱德·欧康奈尔家的地下室玩捉逃游戏，那里有好些个迷宫似的通道。

那天以后，我就常跟斯塔兹一伙到处转悠。他们把我当作吉祥物之类的玩意儿,一直训练我跟别的孩子打架。但是,任何想欺负我的大孩子都免不了要接受我的挑战。时不时地,他会跟我打起拳击来。

"噫,你从来不觉得痛,是吗?"他常说。

我会报以粲然一笑,忍受着因骄傲和荣耀而招致的惩罚。

"你一定有古怪。你不会觉得痛。"

"哪里,我不像别的孩子那样觉得痛罢了。"

"莫里斯和那帮孩子比你可差远了。你闭着眼睛就能修理他们。你挺棒。"他会说,然后继续训练我。

我有一回过生日安排了一场聚会,邀请了斯塔兹他们一伙。莱德·欧康奈尔,一个高高瘦瘦胆小的孩子,平常跟我哥哥一块玩。他俩对我家人进言说,斯塔兹可不是我应该邀请的人。我把情况告诉了斯塔兹;他对这样的侮辱处之泰然。但是,跟他一块玩的伙伴一个也不愿接受我的邀请,大多数女孩子也拒绝了。到了聚会那天,得到我家人的许可,我再次邀请斯塔兹,但他始终没来。

斯塔兹上中学期间,我没有其他有关他的具体记忆。他到罗约拉去了一年,到处流浪了差不多同样长时间。然后,他为了他父亲当了粉刷工。他开始逛台球屋。寻常平庸的故事就此结束。迷失在下流放纵之中的男孩会有什么出息。他的乐趣局限于娼妓、电影、台球赌博、酒精、扑克牌和色子这六样玩意儿之间。到了我开始出入台球屋的时候(高中三年级),这个过程已经完结了。

斯塔兹对我的态度也变成了轻蔑。我是个古怪的小混混儿。他经常拿我开玩笑。有一回,当我用讽刺还击时,他威胁要揍扁我。

慑于他从前的名头，我闭了嘴。从此我们很少彼此搭话，虽然斯塔兹偶尔会屈尊向我借五十或七十五分钱，或者跟我议论议论那街头白痴柯利。

斯塔兹的伙伴或多或少都是些微不足道的业余流氓。他已经与多诺休兄弟和乔治·戈伽蒂疏远了，他们仍旧是资产阶级青年，兴趣在于正式舞会和演出。也许斯拉格·梅森是他最亲密的朋友。那是个高大、手重、天性和善、头脑幼稚的拳击手，知道南边几乎每个妓女的地址和电话号码。他的其他伙伴是辛克·韦伯——他本可以进入拳击界的，后来在精神病院自杀了；莱德·凯利——典型的插科打诨的街头混混儿；汤米·多伊尔——发福的、唬人的、天性半和善的白痴；还有斯坦·西蒙斯基和乔·托马斯。

我肯定斯塔兹的家人，尤其是他的姐妹，被他的行为吓坏了。那两个姐妹——我以一种少年人的浪漫和完全不成功的方式爱着其中一位——是中产阶级类型的女孩；她们参加女生联谊会，惯于多愁善感。一个星期六晚上，斯塔兹比平时喝醉得早些；他的姐姐（男孩们总说她是热心肠）看见他在第五十八街的高架铁路车站下面跌跌撞撞地晃荡着。她正和一个青年男子坐在汽车里；他们停下了。斯塔兹冲着她大声说话；最后他们离开了。斯塔兹晃晃悠悠追着车，一边咒骂一边摇晃着拳头。像约翰尼·欧布莱恩（他上了加州大学，变成了男生联谊会会员）这样的家伙忧伤地议论说，斯塔兹本来可以更仔细地选择伙伴和酒类的；这话也一定传到了他两个姐妹的耳朵里。

渐渐地，身体每况愈下。平素身板儿宽阔而有棱角的斯塔兹开始变得绵软且微胖。他跟街头橄榄球队玩了一两年。他仍旧是个有效率的四分卫,但动作迟缓了。球队终于解散了的时候,他也放弃了体育竞技。他到处打架斗殴,直到有一年除夕之夜,他言语间冒犯了吉姆·麦盖恩,圣母院一带的拳击冠军。吉姆揍扁了斯塔兹的鼻子,还给了他一个乌眼青。斯塔兹认栽了。

我跟街头的联系渐渐减少。我上了大学,变成了无神论者。这进一步让斯塔兹确信我不正常;他偶尔会评说我精神失常。我对他及其同伙越来越鄙视;这种感觉在我的外表行为中有所流露。我漂移到别的团伙中,忘却了街头。后来我去了纽约;种种传说在街头就都变成了事实。我开创了一种新宗教,写过诗,还搞过无数类似的鬼名堂。我回来后,有一年多没有看见斯塔兹。一天傍晚,就是史密斯与胡佛竞选的前一天,我遇见了他;他正同帕特·卡里根和艾克·杜根一起从阮道夫街的派出所走出来。我跟帕特和艾克打招呼,却没理斯塔兹。

"你不想跟我打招呼吗?"他姿态友好地问,并向我伸出手来。

我觉得好奇,但友好了几分钟。我们看法一致、愚昧无知地谈论阿尔·史密斯的胜算几率;我插了一个有关性爱自由的笑话。斯塔兹听了大笑;然后他们就走了。

我再次听说他的时候,他已经死了。

从灵堂出来,进入餐厅,我发现旧日团伙中的所有人都在那儿,在那烟雾腾腾、拥挤不堪的屋子里喊喊喳喳地聊着。可是我一点儿也不想见到他们。他们差不多都是又肥胖又体面。他们愚蠢地谈论他的死亡悲剧,接着又漫忆起旧日好时光来。我坐在角落里听着。

这场面在我看来既悲惨又滑稽。这些家伙都曾经是我少年时代交的坏小子，其中许多人还是我仰慕的榜样。如今他们都一个德性。杰奇·库尼（他曾经在第六十五街和石岛那边一位希腊业主的眼皮底下一下子偷得十五瓶葡萄汁）、蒙克·麦卡锡（他曾经用赌台球所得，靠吃花生米在一间地下室里生活了一年多）、艾尔·曼福德（天性纯良、心善得傻气的街头替罪羊）、帕特·卡里根（圣斯坦尼斯劳斯中学毕业的圆滚滚的胖小子）——全都彼此相像，就好像一筒筒番茄汤罐头。

吉姆·诺兰——现在谢了顶，公职会计，订了婚，圣文森特夜校的哲学专业学生——与蒙克待在一个角落里。

"喷，蒙克，记不记得咱们去农场那回，我喝醉了，被小巷子里翻倒的垃圾桶绊倒了？"他谈起往事。

"是呀，那次聚会可真棒，"蒙克说。

"那真是好时光啊，"吉姆说。

塔比·康奈尔——我记得曾经是个阴郁、内向的孩子——在人群中找到善交际的约翰尼·欧布莱恩，听后者与乔治·戈伽蒂谈论伊利诺埃大学。

艾尔·曼福德到处走动，打着哈哈，最后冲我说："吉姆，你要是拿把提琴就会像帕德乌斯基。"

莱德·凯利在莱斯、多伊尔、西蒙斯基、布莱恩、小弗洛斯·坎贝尔（有待于变成这些较年长的家伙一样）的簇拥下高踞如王者，谈吐似宣神谕。

"是，长官，太糟了。一个风华正茂的青年人就这样子走了。

太糟了。"他说。

"可怜的斯塔兹!"莱斯说。

"一星期前我还跟他一起外出呢。"布莱恩说。

"那时候他还挺好的呢。"凯利说。

"生活真是难以捉摸。"多伊尔说。

"好在他见到了神父。"凯利说。

"是呀。"莱斯说。

"我说,上个星期六,我干了罗西店里最靓的小妞儿。"多伊尔说。

"她头发是金色的吗?"凯利说。

"是。"多伊尔说。

"她是挺可爱的。我也玩过她。"凯利说。

"对了,在农场的那一夜可真叫棒。"吉姆·诺兰说。

"咱们哪天夜晚应该喝他个一醉方休。"蒙克说。

"好哇。"诺兰说。

"我说,柯利,你在谈恋爱吗?"曼福德从房间那头遥问柯利。

"唷,达菲。"查理显摆着白痴的优越感说。

"还记得柯利去本汉姆那次吗?"卡里根问。

柯利脸红了。

"出了什么事,柯利?"达菲问。

"没什么,艾尔。"柯利狼狈地说。

"得啦,告诉他吧,柯利!告诉他!这会儿可别脸红!别脸红!给他讲讲那小娘们儿!"卡里根说。

"哎,帕特,你知道我不会干那种事的。"柯利说。

"来吧,柯利,快告诉我。"艾尔说。

"有个小妞儿坐到了柯利的腿上,他把她掀了下去,还骂她是肮脏的婊子,然后就离开了那地方。"卡里根说。

"咳,柯利,我都替你害臊。"艾尔说。

柯利脸红了。

"我每天早上六点就得起床。可我不在乎。这样子不工作才是瞎咧咧。你没床单就没衣服穿,什么也没有。我懂。不,长官,这样子混日子都是胡喷粪。你整天净等着有什么好事儿发生了。"杰奇·库尼对汤米·鲁尔克说。

"嗨,斯塔兹命够苦的。"约翰尼·欧布莱恩对乔治·戈伽蒂说。

戈伽蒂也说是够苦的。然后,他们谈论起伊利诺埃大学的某个学生来。菲尔·罗尔夫走了进来。菲尔是专业守灵主管;他正跟斯塔兹的妹妹谈恋爱。菲尔从前是个聪明伶俐的犹太小子,可惜他没有从事皮货生意。此刻,他跟大伙儿一同难过,并感谢他们表示难过。他与凯利郑重地商定了抬棺的人选。然后,他走了出去。我不认识的某个家伙开始告诉莱德·凯利的兄弟之一,说他几点得起床去上班。街头醉鬼米奇·弗兰纳根走进来,他也说他要上班。

他们一直不停地聊着。我越来越觉得他们是一帮人渣。多年前他们之中爱冒险的男孩都送了命。人渣们,身体发胖,人过中年,吹嘘着他们愚蠢的胡闹,念诵着他们日常的琐事。

我正要离开时,看见了斯塔兹的妹妹。她哭得那么可怜,竟至于认不出我来了。我看不出她从前对斯塔兹有多亲。他远远不是她所能理解的。我知道,在我带她外出的那几回里,她从未对我提起过他。可是她哭得很可怜。

我正要离开时,想到斯塔兹曾经一表人才。要是他们不给他施涂油礼就好了,他本来也会交好运的。因为对于他,生命本来会变成越来越肥的腐物,就像对于凯利、多伊尔、库尼和麦卡锡一样。他,也是个人渣;但是他死了,无须再活过无数荒唐岁月。要是他们不把他送往天国就好了,那里既没有娼妓又没有台球屋。

我和乔一路步行回家。乔与其他人不一样。我们无法为斯塔兹感到难过。那于事无补。

"乔,他是个人渣。"我说。

乔不喜欢用同样的措辞,但是他并没有不同意。

现在,雨水不停地落在斯塔兹的新坟上;他的家人悲伤地凝望着铅一样灰沉沉的天空;他的老伙伴们正在上班,指望着当天就是星期六夜晚,他们正要跟一个裸体的性感金发女郎上床呢。

1929

贝茨短篇小说一篇

> **导读**

赫伯特·厄内斯特·贝茨(Herbert Ernest Bates, 1905—1974)是英国小说家,作品多描写他的故乡北安普顿郡及英格兰中部乡村生活。以下译文最初发表于《20世纪外国短篇小说编年·英国卷》(人民文学出版社,2002)。

从不

[英] 赫伯特·厄内斯特·贝茨

午后:巨大的云团磕磕绊绊掠过天空。在令人昏昏欲睡、半明半暗的房间里,那女孩在窗户旁边瘫坐成一堆,少有动作,仿佛在期待什么预定的事情发生,例如一次来访、日落、一个命令……缓缓地,她会把一只手的指头顺着筋脉间的小凹槽,拖过另一只手的背部,以同样忧伤、烦恼的姿态嚅动嘴唇,紧蹙双眉。她的眼光也像这样,四处游移,从近处披着阴影的田野,到太阳丢下一抹余晖在上面的西山,又到中间那片一会儿好像黑色的疮疤一会儿又像可亲的礼拜堂似的树林。乱七八糟的……还有这房间……钢琴的白键会不时地对她施展魅力,使她全身保持完全静止也许会达一分钟之久。但是这阵子一过,她的手指就会犹犹豫豫,又开始慢慢地摸索她的双手;不安的情绪再度把她攫获。

是啊:乱七八糟的。她就要走了:这个下午她已经说过一百遍了——"我要走了……我要走了。我再也不能忍受了。"但是她并没有动身的意思。她保持着这同样的姿势,过了一个钟头又一个钟头;她能转的念头只是:"今天我就要走了。我在这儿觉得累了。我从不做什么事儿。死气沉沉,腐朽不堪。"

她如是说,或想,没有一丝欢喜的迹象,有时还蛮有条理,开始考虑:"我该带些什么?镶玫瑰花边的蓝色连衣裙?对。还有什么?还有什么?"然后,一切又都重新开始:"今天我就要走了。我从不做什么事儿。"

　　这是真的：她从不做什么事儿。早上，她起得晚，早餐吃得慢，干什么都慢——读书、缝补、吃东西、弹琴、晚上玩纸牌、上床睡觉。一切都慢条斯理——故意那么做的，是为了把日子填充实。这是真的，日复一日，她从不做什么不同的事儿。

　　可是，今天即将有什么事情发生：晚上不再玩纸牌；每天晚上都一样，她父亲都要嚷嚷："我从来就没有好手气，我以为大王已经出过了呢！太糟糕啦！！"就不再玩了："耐莉，十点钟啦——睡觉去！"于是，缓慢而乏味地爬楼梯。今天，她就要离家出走了：没有人知道，可就是这样。她将乘晚上的火车去伦敦。

　　"我要走了。我该带些什么？镶玫瑰花边的蓝色连衣裙？还有什么？"

　　她因久坐而全身发僵，步履艰难地爬上楼去。用比喻的方式说，她想必是坐了多年，已经变僵了！好像是为了保证对这一切的反抗狂暴有力，她精神亢奋地投身于收拾行李的活动之中：先扔进那件蓝色连衣裙，随后是她刚刚想起来的十几二十样东西。她拉紧她的包：它并不重。她数了十几遍她的钱。没错！没错。她就要离家出走了！

　　她最后一次下楼到此刻已黑暗的客厅里。在餐厅里，有人在弄得茶杯叮当响——无法忍受的、可怕的家居声音！她不饿。八点钟她就到伦敦了——现在吃东西会让她恶心。等待并不难。火车六点十八分开。她又查看了一遍："六点十三分到埃尔登，六点十八分到奥尔德，七点五十三分到伦敦。"

　　她开始弹奏一曲华尔兹。这是一首舒缓、梦幻般的曲子，嗒嗵、嗵，嗒嚯，嚯，嗒嚯，嚯，音符哀戚、伤感地次第滑出。厅里已经挺暗了，她几乎都看不见琴键了，还不停地给乐曲配词儿："六点十三分到埃尔登，六点十八分到奥尔德。"不可能弄错或者忘记。

她边弹琴边想："我将永远不再弹这首华尔兹了。它有这房间的气氛。这是最后一次！"华尔兹梦幻般地滑向结尾：有一分钟之久，她坐在完全的静寂中，客厅又黑暗又神秘，华尔兹的乐音全然终止，这时，茶杯又丁当响起来，那个念头又回到她脑海中："我要离家出走了！"

她悄无声息地起身走出去。路边的草在晚风的吹拂下摇动，发出像许多双手轻轻摩擦似的响声。但是没有别的声音。她的脚步很轻，没有人听见她的动静。她沿路走下去的时候，对自己说："就要发生了！终于到来了！"

"六点十三分到埃尔登，六点十八分到奥尔德。"

她应该去埃尔登还是奥尔德呢？在岔路口，她驻足思索，心想，要是去埃尔登，就没有人会认识她。可是在奥尔德，无疑会有人注意到她，就会说闲话了。那就去埃尔登，并非有什么要紧的。现在什么都不要紧了。她就要走了，一去不复返了。

她的胸部微颤且发热，开始随着她的兴奋加剧而起伏。她试着回想包里的东西，却只记得她最先扔进去然后就一直被覆盖着的"那件镶玫瑰花边的蓝色连衣裙"。可是这不要紧。她的钱是安全的，一切都是安全的。这样想着，她陷入一种奇怪的平静之中；她越往前走，这种平静感就越深沉，在其中她有上百种感情和信念。她将永远不再弹奏那首华尔兹；她最后一次，可怕地，玩过了纸牌；那寂寞、迟缓、压抑都结束了，一切都结束了。

"我要离家出走了！"

她感到暖和，身上轻微而愉快地一激灵，好像受到柔和的夜风抚弄一般。现在没有了恐惧。而是有一种愤慨，乃至狂怒，迸发出来。她想："没人会相信我走了。可这是真的——我终于要走了。"

她的包越来越重。她把它放在草地上，在它上面坐了一小会儿，就像下午在那黑暗客厅里那般姿态，并且真的开始用她那戴手套的手指摩挲手背了。那首华尔兹的一两个乐句回到她脑子里。……那架笨钢琴！它的最低音组的G音单调呆板，一直都单调呆板！多可笑！她试图想象伦敦的某种景象，但是很困难，最后只好又让位于那陈旧的呼声："我要离家出走了。"她深深感到前所未有的快乐。

在火车站，亮着一盏孤灯，放射着忽明忽暗的黄光，反倒使暮色显得更黑暗。更糟糕的是，她一个人也没看见，只能在寒冷的空旷中来来回回地蹬然踱步，此外更没有别的声音予以友好的应和。在黑暗的远处，所有的信号灯都打出清晰的红圆圈，看起来仿佛它们永远也不会变。但是，她仍然一遍遍自言自语："我要离家出走了——我要离家出走了。"后来："我恨每个人。我变了，变得我都快不认得自己了。"

她不耐烦地找寻火车。奇怪。她第一次想到要看时间，于是扯起大衣的袖子来。都快六点半了！她感到发冷。沿线的每一盏信号灯都展示着红圈圈，嘲笑着她。"六点三十，当然，当然。"她竭力想显得不在乎。"当然，晚了，火车晚点了。"可是寒气，实际上是她的恐惧，迅速加强，直到她不再能相信这些话……

在她往回走的路上，大片的云，比以往更低垂、更压抑，在她头顶上飘浮。风声里也有一种悲哀的深沉音调。这些事物从前不曾烦扰她，现在，它们也在谈论失败，预告悲惨和沮丧。她没了精神，天很冷，可她疲累得连寒战也打不动。

在绝对黑暗、催人欲眠的客厅里，她坐下来，对自己说："这不是唯一的一天。有朝一日我会走的。有朝一日。"

她默默无语。在隔壁餐厅里，他们正在玩纸牌；她父亲突然咕哝道："我还以为大王已经出过了呢。"有人大笑。她父亲的声音再次传来："我从来就没有好手气！我从来就没有好手气！从来没有！"

这太可怕了！她无法忍受！她必须采取措施使之中止！这太过分了。她又开始弹奏那首华尔兹；那梦幻般的、感伤的旋律令她潸然而泣。

"这不是唯一的一天，"她再次向自己保证，"我会走的。有朝一日！"

她弹奏着那首华尔兹，垂头哭泣着，一遍又一遍对自己说着同样的话：

"有朝一日！有朝一日！"

1928

第二辑

汉｜日译英

唐诗三首

导读

　　以下译诗中,"Goose"见于《窃火传薪：英语诗歌与翻译教学实录》（上海外语教育出版社,2011）一书,是为学生即兴做的翻译示范；"Overnighting on the Jiande River"见于英语论文"On English Translation of Classical Chinese Poetry"（Babel 45：3,1999）,是用以说明论点的例子；"The Look-out in Spring"出自未发表的英语讲稿"The Application of Indo-European Classic Grammatical Analysis in the Translation of Classic Chinese Poetry",也是用作译诗例子的。

咏鹅

骆宾王

鹅鹅鹅,
曲项向天歌,
白毛浮绿水,
红掌拨清波。

唐诗三首

GOOSE

by Luo Bin-wang

Goose, goose, goose,
Arch your neck, sing a song
To the sky so douce:
Green water, white down,
Red webs paddling along.

宿建德江

孟浩然

移舟泊烟渚,
日暮客愁新。
野旷天低树,
江清月近人。

OVERNIGHTING ON THE JIANDE RIVER

by Meng Hao-ran

Having the boat moved to moor by the misty isle
When the day's old, the traveller feels his sorrow new:
On the horizon wide, trees seem dwarfed by the sky;
In the river clear, the moon comes near into view.

春望

杜甫

国破山河在,
城春草木深。
感时花溅泪,
恨别鸟惊心。
烽火连三月,
家书抵万金。
白头搔更短,
浑欲不胜簪。

THE LOOK-OUT IN SPRING

by Du Fu

The empire broken, the mountains and rivers remain;

The city in springtime is deep with weeds and trees.

Sad about the time, I'm moved to tears by the sight of flowers

And heartbroken at parting, startled by the sound of birds.

Beacon fires have kept burning for three months;

A letter from family's worth ten thousand in gold.

My white hair, scratched shorter and shorter,

Can hardly bear the burden of a hairpin.

徐志摩诗三首

> 导读

原载 *A Xu Zhimo Reader*（五洲出版社，2013），以下三首译诗及译法的注解曾发表于《英语学习》月刊2013年第8期。

徐志摩诗三首

雪花的快乐

假如我是一朵雪花,
翩翩的在半空里潇洒,
　我一定认清我的方向——
　　飞扬,飞扬,飞扬,——
这地面上有我的方向。

不去那冷寞的幽谷,
不去那凄清的山麓,
　也不上荒街去惆怅——
　　飞扬,飞扬,飞扬,——
你看,我有我的方向!

在半空里娟娟的飞舞,
认明了那清幽的住处,
　　等着她来花园里探望——
　　飞扬,飞扬,飞扬,——
啊,她身上有朱砂梅的清香!

那时我凭借我的身轻,
盈盈的,沾住了她的衣襟,
　　贴近她柔波似的心胸——
　　消溶,消溶,消溶——
溶入了她柔波似的心胸!

THE HAPPINESS OF A SNOWFLAKE[1]

Oh, If I were a small snowflake[2]

Floating in air in a free state,[3]

　I'd clearly see my way—

　Flying, flying, flying—[4]

There, on the ground, is my way.

Not heading for the cold vale,

Nor the lonely foot of the hill,[5]

　Nor deserted streets astray[6]—

　Flying, flying, flying—

1　徐作汉语原诗共四节，每节五行，韵式为 aabbb；每行三或四顿，并不十分整齐。英译文大体依之。

2　oh 这个感叹词是汉语原诗所没有的，用在此处只是为了凑足音节（步）数。small snowflake 二词押头韵（alliteration），这也是原诗中所没有的。头韵是英语，尤其是英诗中常用的修辞手法，这样做只是发挥译入语的特点而已，不能算过度翻译，更不可说（如某些译者所谓）是对原作的"超越"。

3　此行中 floating 和 free 押头韵，以补偿原诗中的联绵词"翩翩"的效果。state 与上一行 snowflake 押腰韵（assonance），算是半韵或近韵。原诗"花"和"洒"，一平一仄，也只能算近韵。

4　此行为重复的叠句（refrain），原诗与上下行押韵，译文无法照顾，却也因此避免了单调。下同。

5　vale 和 hill 押尾韵（consonance），也是一种近韵。押不完全韵是现代诗有意为之的特点，以避用滥了的完全韵的甜腻烂熟。

6　streets 和 astray 押头韵。后者是副词，意为"迷路之状"，以状"漫无目的的游荡"之情态，勉强对译原诗较抽象的"惆怅"。

You see, I have my own way!

Gliding gracefully[1] in space,

Aiming at that peaceful place,

    Waiting for her to come—

    Flying, flying, flying—

Oh, she smells of plum bloom! [2]

Then I would use my lightness

Lightly to stick upon her dress,

    Close to her soft bosom—

    Melting, melting, melting—

Into her wavelike soft bosom!

1　gliding 和 gracefully 押头韵。

2　bloom 和 come（古音 /ku:m/）及 plum（古音 /plum/）押韵。

为要寻一个明星

我骑着一匹拐腿的瞎马,
　　向着黑夜里加鞭;——
　　向着黑夜里加鞭,
我跨着一匹拐腿的瞎马!

我冲入这黑绵绵的昏夜,
　　为要寻一颗明星;——
　　为要寻一颗明星,
我冲入这黑茫茫的荒野。

累坏了,累坏了我胯下的牲口,
　　那明星还不出现;——
　　那明星还不出现,
累坏了,累坏了马鞍上的身手。

这回天上透出了水晶似的光明,
　　荒野里倒着一只牲口,
　　黑夜里躺着一具尸首。——
这回天上透出了水晶似的光明!

TO SEEK FOR A BRIGHT STAR[1]

I rode on a blind and crippled horse
    Whipping it through the night—
    Whipping it through the night,
I rode on a blind and crippled horse!

I rushed into the long dark night
    To seek for a bright star—
    To seek for a bright star,
I rushed onto the dark lone height[2].

Tired, tired the beast that I straddle,[3]
    Yet the star is not out—
    Yet the star is not out,
Tired, tired the rider in the saddle.

Now a silvery light permeates the sky,

1　徐作汉语原诗共四节，每节四行，韵式为 abba；每行三或四或五顿，并不十分整齐。英译文大体依之。

2　**height** 此处是"高地"（OED: 14.a. "A high or lofty rising ground"）之义，作此义讲时现在多用复数，但也有用单数的；配合 lone（枯寂）一词，勉强对译原诗的"荒野"；另外，也是为了与第五行的 night 押韵。lone 则与第五行的 long 押头韵而相呼应。

3　从此行起，时态从一般过去时变为一般现在时，形成叙事时间的对比。

On the height falls a horse,

In the night lies a corpse—

Now a silvery light permeates the sky!

我不知道风是在哪一个方向吹

我不知道风
是在哪一个方向吹——
我是在梦中,
在梦的轻波里依洄。

我不知道风
是在哪一个方向吹——
我是在梦中,
她的温存,我的迷醉。

我不知道风
是在哪一个方向吹——
我是在梦中,
甜美是梦里的光辉。

我不知道风
是在哪一个方向吹——
我是在梦中,
她的负心,我的伤悲。

我不知道风
是在哪一个方向吹——
我是在梦中,
在梦的悲哀里心碎!

我不知道风
是在哪一个方向吹——
我是在梦中,
黯淡是梦里的光辉。

I DO NOT KNOW IN WHICH QUARTER THE WIND IS BLOWING[1]

I do not know

In which quarter the wind is blowing—

In a dream I am, oh,

To the dreamy wavelets going[2].

I do not know

In which quarter the wind is blowing—

In a dream I am, oh,

Her tenderness, my ecstasy flowing[3].

I do not know

In which quarter the wind is blowing—

In a dream I am, oh,

The sweetness, the dreamy glowing.

I do not know

1　徐作汉语原诗共六节，每节四行，韵式为 abab，而且通篇只用两韵；每行二或三或四顿，长短行相间。英译文大体依之。

2　to...going 是 going to（去到）的倒装，用在这里主要是为了押韵。原诗中"依洄"一词属生造（这在徐氏作品中不乏见），为字书中所无，若依"低回"义解，或强解为"依依地洄溯"，以 going to 对译均勉强可通。

3　flowing（漂流）是原诗所没有的，加在这里主要是为了押韵，但与原诗情理意蕴也并不相悖。

In which quarter the wind is blowing—
In a dream I am, oh,
Her betrayal, my sorrowful knowing[1].

I do not know
In which quarter the wind is blowing—
In a dream I am, oh,
Heartbroken in the dream growing![2]

I do not know
In which quarter the wind is blowing—
In a dream I am, oh,
Faintness, the dreamy glowing.

1　**knowing**（知情）是原诗所没有的，加在这里主要是为了押韵，不但与原诗情理并不相悖，而且其中意蕴似更见表出。

2　**growing**（变得）是原诗所没有的，加在这里主要是为了押韵，也可补足语义，表"心碎"的过程。而原诗"梦的悲哀"一语费解，且"悲哀"与上文的"伤悲"重复，故略去不译。

徐志摩散文一篇

导读

以下英语译文原载 *A Xu Zhimo Reader*（五洲出版社，2013）。

丑西湖

徐志摩

"欲把西湖比西子，浓妆淡抹总相宜。"我们太把西湖看理想化了。夏天要算是西湖浓妆的时候，堤上的杨柳绿成一片浓青，里湖一带的荷叶荷花也正当满艳，朝上的烟雾，向晚的晴霞，哪样不是现成的诗料，但这西姑娘你爱不爱，我是不成，这回一见面我回头就逃！什么西湖这简直是一锅腥臊的热汤！西湖的水本来就浅，又不流通，近来满湖又全养了大鱼，有四五十斤的，把湖里袅袅婷婷的水草全给咬烂了，水混不用说，还有那鱼腥味儿顶叫人难受。说起西湖养鱼，我听得有种种的说法，也不知哪样是内情：有说养鱼甘脆是官家谋利，放着偌大一个鱼沼，养肥了鱼打了去卖不是顶现成的；有说养鱼是为预防水草长得太放肆了怕塞满了湖心，也有说这些大鱼都是大慈善家们为要延寿或是求子或是求财源茂健特为从别地方买了来放生在湖里的，而且现在打鱼当官是不准。不论怎么样，西湖确是变了鱼湖了。六月以来杭州据说一滴水都没有过，西湖当然水浅得像个干血痨的美女，再加那腥味儿！今年南方的热，说来我们住惯北方的也不易信，白天热不说，通宵到天亮也不见放松，天天大太阳，夜夜满天星，节节高的一天暖似一天。杭州更比上海不堪，西湖那一洼浅水用不到几个钟头的晒就离滚沸不远什么，四面又是山，这热是来得去不得，一天不发大风打阵，这锅热汤，就永远不会凉。我那天到了晚上才雇了条船游湖，心想比岸上总可以凉快些。好，风不来还熬得，风一来可真难受极了，又热又带腥味儿，真叫人发眩作呕，我同船一个朋友当时就病了，我记得红海里两边的沙漠风都似乎较为可耐些！夜间十二点我们回家的时候都还是热虎虎的。还有湖里的蚊虫！简直是一群群的大水鸭子！我一坐定就活该。

这西湖是太难了，气味先就不堪。再说沿湖的去处，本来顶清淡宜人的一个地方是平湖秋月，那一方平台，几棵杨柳，几折回廊，在秋月清澈的凉夜去坐着看湖确是别有风味，更好在去的人绝少，你夜间去总可以独占，唤起看守的人来泡一碗清茶，冲一杯藕粉，和几个朋友闲谈着消磨他半夜，真是清福。我三年前一次去有琴友有笛师，躺平在杨树底下看揉碎的月光，听水面上翻响的幽乐，那逸趣真不易。西湖的俗化真是一日千里，我每回去总添一度伤心：雷峰也羞跑了，断桥折成了汽车桥，哈得在湖心里造房子，某家大少爷的汽油船在三尺的柔波里兴风作浪，工厂的烟替代了出岫的霞，大世界以及什么舞台的锣鼓充当了湖上的啼莺，西湖，西湖，还有什么可留恋的！这回连平湖秋月也给糟蹋了，你信不信？

"船家，我们到平湖秋月去，那边总还清静。"

"平湖秋月？先生，清静是不清静的，格歇开了酒馆，酒馆着实闹忙哩，你看，望得见的，穿白衣服的人多煞勒瞎，扇子扇得活血血的，还有唱唱的，十七八岁的姑娘，听听看是无锡山歌哩，胡琴都蛮清爽的……"

那我们到楼外楼去吧。谁知楼外楼又是一个伤心！原来楼外楼那一楼一底的旧房子斜斜的对着湖心亭，几张揩抹得发白光的旧桌子，一两个上年纪的老堂倌，活络络的鱼虾，滑齐齐的莼菜，一壶远年，一碟盐水花生,我每回到西湖往往偷闲独自跑去领略这点子古色古香,靠在阑干上从堤边杨柳荫里望滟滟的湖光,晴有晴色,雨雪有雨雪的景致,要不然月上柳梢时意味更长,好在是不闹,晚上去也是独占的时候多,一边喝着热酒,一边与老堂倌随便讲讲湖上风光,鱼虾行市,也自有一种说不出的愉快。但这回连楼外楼都变了面目!地址不曾移动,但翻造了三层楼带屋顶的洋式门面,新漆亮光光的刺眼,在湖中就望见楼上电扇的疾转,客人闹盈盈的挤着,堂倌也换了,穿上西崽的长袍,原来那老朋友也看不见了,什么闲情逸趣都没有了! 我们没办法移一个桌子在楼下马路边吃了一点东西,果然连小菜都变了,真是可伤。泰戈尔来看了中国,发了很大的感慨。他说,"世界上再没有第二个民族像你们这样蓄意的制造丑恶的精神。"怪不过老头牢骚,他来时对中国是怎样的期望(也许是诗人的期望),他看到的又是怎样一个现实!狄更生先生有一篇绝妙的文章,是他游泰山以后的感想,他对照西方人的俗与我们的雅,他们的惟利主义与我们的闲暇精神。他说只有中国人才真懂得爱护自然,他们在山水间的点缀是没有一点辜负自然的;实际上他们处处想法子增添自然的美,他们不容许煞风景的事业。他们在山上造路是依着山势回环曲折,铺上本山的石子,就这山道就饶有趣味,他们宁可牺牲一点便利。不愿斫丧自然的和谐。所以他们造的是妩媚的石径;欧美人来时不开马路就来穿山的电梯。他们在原来的石块上刻上美秀的诗文,漆成古色的青绿,在苔藓间掩映生趣;反之在欧美的山石上只见雪茄烟与各种生意的广告。他们在山林丛密处透出一角寺院的红墙,西方人起的是几层楼嘈杂的旅馆。听人说中国人得效法欧西,我不知道应得自觉虚心做学徒的究竟是谁?

这是十五年前狄更生先生来中国时感想的一节。我不知道他现在要是回来看看西湖的成绩,他又有什么妙文来颂扬我们的美德!

说来西湖真是个爱伦内。论山水的秀丽,西湖在世界上真有位置。那山光,那水色,别有一种醉人处,叫人不能不生爱。但不幸杭州的人种(我也算是杭州人),也不知怎的,特别的来得俗气来得陋相。不读书人无味,读书人更可厌,单听那一口杭白,甲隔甲隔的,就够人心烦!看来杭州人话会说(杭州人真会说话!),事也会做,近年来就"事业"方面看,杭州的建设的确不少,例如西湖堤上的六条桥就全给拉平了替汽车公司帮忙;但不幸经营山水的风景是另一种事业,决不是开铺子、做官一类的事业。平常布置一个小小的园林,我们尚且说总得主人胸中有些丘壑,如今整个的西湖放在一班大老的手里,他们的脑子里平常想些什么我不敢猜度,但就成绩看,他们的确是只图每年"我们杭州"商界收入的总数增加多少的一种头脑!开铺子的老板们也许沾了光,但是可怜的西湖呢,分明天生俊俏的一个少女,生生的叫一群粗汉去替她涂脂抹粉,就说没有别的难堪情形,也就够煞风景又煞风景!天啊,这苦恼的西子!

但是回过来说,这年头哪还顾得了美不美!江南总算是天堂,到今天为止。别的地方人命只当得虫子,有路不敢走,有话不敢说,还来搭什么臭绅士的架子,挑什么够美不够美的鸟眼?

1926

THE UGLY WEST LAKE

"I'd like to compare the West Lake to the West Lady, / Whom either heavy or light make-up fits perfectly."[1] We have idealized the West Lake too much. Summer is the time when the West Lake puts on her heavy make-up. The willow trees along the embankments are all dark green, and the lotus leaves and flowers about the inner part of the lake just flourishing. Which is not ready-made poetic material, the morning mist or the evening twilight? But do you love this West Lady? I don't. This time I have turned and run away as soon as I saw her. What West Lake it is but a pot of stinking warm broth! The lake is shallow and the water does not flow. Recently, in addition, the lake has abounded with big fish, some of them even weighing more than fifty pounds, which have destroyed all the graceful waterweeds. Needless to say, the water is turbid and what's more, the fishy smell is the hardest to bear. As to the fish breeding in the lake, I have heard many kinds of explanation and do not know which is true: some said that it was simply a way by which the government made profit and that it was surely the easiest way to breed fish in such a big fish pond and sell them when they grew up, others said breeding fish was

---

1   A couplet from Su Shi's (1037—1101) poem "Drinking on the Lake when it was fine first and then rained". The West Lake here refers to the one located in Hangzhou City, Zhejiang Province, the best-known of several namesakes in China. The West Lady is a famous beauty flourishing during the Spring and Autumn Period (770—476 B.C.) in Chinese history, comparable to Helen of Troy in the West.

to prevent the overgrowth of waterweeds lest they overfilled the lake, and still others said that those big fish were bought from other places by some big philanthropists to set free in the lake purposefully wishing for a reward of longevity or offspring or economic fortunes and that moreover, fishing nowadays was not allowed by the authorities. Anyway, the West Lake has become a fish pond indeed. It is said that it has not rained a single drop in Hangzhou since June, resulting, of course, in the shrinkage of the lake, like a beauty suffering from amenorrhoea, and the smell! It is not easy for us who are used to living in the North to believe how hot it is in the South this year. The heat never subsides all night through, let alone during the day. It is getting hotter and hotter with a blazing sun every day and bright stars every night. Hangzhou is more unbearable than Shanghai. Exposed to the burning sun, the shallow water in the West Lake gets not far from boiling within a few hours and will never cool down unless a gale blows, for the heat can only come but not go, what with hills and mounds all around the city. That day I did not hire a boat to tour the lake until the evening, thinking that it must be cooler on the water than on the banks. Well, it was endurable without a wind, but unbearable with one, which, warm and smelly, made one feel dizzy and queasy. A friend of mine in the same boat fell ill at once. In my memory, the desert winds alongside the Red Sea seemed more endurable. By twelve o'clock midnight when we went home it was still quite hot. And the mosquitoes and gnats on the lake, they were simply flocks of big waterfowls. They served me right as soon as I was seated.

It is too hard on the West Lake, whose smell is already unbearable. Furthermore, among the places of interest around the lake, "the Autumnal Moon over the Calm Lake" has once been the most quiet and attractive one, where, with a square terrace, a few willow trees, and a zigzag corridor, it is something special to sit viewing the lake on a cool autumnal moonlit night, and what's more, where, frequented by few people, you might always occupy wholly alone by yourself during the night. It is really blessed to spend half a night chatting with several friends there, having woken up the keeper to make a bowl of tea or lotus root paste for each. Three years ago I went there with some friends good at zither and flute. It was really a rare refined pleasure to lie on our back under a poplar tree looking at the fragmentary moonlight and listening to the rolling music on the surface of the water. The West Lake has been being vulgarized at a tremendous pace. It hurts me once more to go there every time: The Leifeng Tower[1] is gone because of embarrassment and the Broken Bridge turned into a highway bridge; Hardoon[2] has built a mansion in the centre of the lake and some rich young master's motorboat is creating storms on the shallow water; smoke from factory

---

1 Leifeng Tower, a well-known Buddhist pagoda in Hangzhou City, Zhejiang Province, China, was built in 975, fallen down in 1924, and rebuilt in 2001.
2 Silas Aaron Hardoon (1851—1937), British Jewish millionaire, born in Baghdad, flourished in Shanghai. He purchased through some improper means the piece of public land at the side of the scenic spot "the Autumnal Moon over the Calm Lake" of the West Lake district in 1918 and built a mansion with a large garden there.

chimneys has taken place of the mist around the hilltops and the drums and gongs of the Big World or some other stages are acting as the singing birds on the lake instead. West Lake, West Lake, what else is there worthy of admiration? This time, even "the Autumnal Moon over the Calm Lake" must be ruined, too. Don't you believe so?

"Boatman, let's go to 'the Autumnal Moon over the Calm Lake'. It's quieter there, anyway."

"'The Autumnal Moon over the Calm Lake'? Quieter, sir? No quieter. Now open pubs. Pubs real busy. Look, you see, people in white, so many, fanning themselves with fans so lively. And singing girls, too, all teenagers. Listen—it's a Wuxi folk song. Fiddlers all jolly good…"

Let's go to the Tower beyond Towers[1] then. Who knows that the Tower beyond Towers should be another hurt! Previously the two-storied old house of the Tower beyond Towers diagonally faced the Lake Centre Pavilion, with several old tables as clean as a whistle, one or two old waiters, fresh fish and shrimps, slippery water shields, a pot of old rice wine, a plate of salted peanuts. I used to snatch a moment of leisure to enjoy alone this small amount of antiquity there every time I returned to the West Lake. From the shade of willow trees on the edge

---

1 The Tower beyond Towers is the name of a well-known restaurant in Hangzhou, which is derived from the lines from the poem "Written on the Wall of a Lin'an Inn" by the Song Dynasty poet Lin Sheng (fl. 1106—1170): "There are blue mountains beyond mountains and towers beyond towers, / And at what time will the singing and dancing on the West Lake come to an end?"

of the embankment, you, leaning against the rail, would get different views of the lake in fine, rainy, and snowy weathers, or a more appealing impression when the moon climbed over the tops of the willow trees. Its advantage lay in quietness. Most time in the evening you might occupy the whole dining hall on your own. It was hard to describe the joy you felt, sipping at your warm wine as chatting at random with the old waiter about the lake views or market prices of fish and shrimps. But this time even the Tower beyond Towers has changed! The location remains the same, but the restaurant there has been rebuilt into a western-style three-storied roofed building, dazzling with a fresh coat of paint. The fast rotation of the electric fans upstairs is visible even from the lake, diners crowd there noisily, and waiters in western-style tails have been substituted for the old friends. All has gone, the leisure and interest. We can do nothing but have a table moved to the roadside downstairs to eat something. It turns out that even the starters have changed. How sad. Tagore sighed with huge disappointment when he came to see China. He said, "There is no other nation in the world than yours who deliberately creates the spirit of ugliness." No wonder the old man complained. What high (maybe a poet's) expectations of China he had as he came, but what kind of reality he saw! Mr. Dickinson[1] wrote a wonderful essay about his impression after touring Mount Tai. He contrasted westerners'

---

[1] Goldsworthy Lowes Dickinson (1862—1932), British political scientist and philosopher, wrote about his experiences in China in *Letters from John Chinaman and Other Essays* (1901).

vulgarity and our elegance, their philistinism and our leisure spirit. He said that only the Chinese people know how to love and preserve nature, and that the accessories they add to landscapes do not betray nature at all. In practice they always try to supplement the beauty of nature, and will not allow landscapes spoiled. They build on mountains along the winding grain tracks, which, paved with local stone, are themselves full of interest. They would rather sacrifice some convenience than destroy the harmony of nature. Therefore, what they build is attractive paths, while the Europeans and Americans come to construct either motor roads or elevators through the mountains. They inscribe on natural rocks beautiful poems painted green, which look ancient and interesting among the mosses, in contrast to the European and American mountain rocks, on which only advertisements for cigars and various other products are visible. They make the red walls of a Buddhist monastery half hidden in the dense mountain forest, while the westerners erect multi-storied noisy hotels there. It is said that the Chinese ought to learn from the West, but I wonder who on earth should play the part of the modest student.

That is a paragraph of Mr. Dickinson's impression of China fifteen years ago. I wonder what other wonderful essays he would have written to eulogize our virtues if he had come back to see the achievements of the West Lake.

The West Lake is really an irony. With regard to the scenic beauty, it indeed has a place in the world. The beautiful scenes of the hills and waters have special charms, engendering love in one compulsively. Unfortunately, however, the Hangzhou people (I am also counted as one of them) are somehow particularly vulgar and loathsome. The uneducated are lacking in taste, but the educated more detestable. Only the quack-quack accent of their local vernacular is sufficiently annoying. Evidently the Hangzhou folks are not only good talkers (they really are!) but also good doers. With respect to "enterprises," there have been quite a lot of construction in recent years. For example, the six arched bridges linking the embankments of the West Lake have been all straightened to serve the interests of the auto company. Unfortunately, however, the preservation of landscapes is another kind of enterprise, not like running a shop or securing one's official position, that sort of thing. Usually we say that the owner has to have good taste in natural beauty even to arrange a small garden. Now the whole West Lake is laid in the hands of a bunch of big bosses. What they usually have in their minds I dare not guess, but judging from their achievements, theirs are indeed the kind of minds that solely aim at increasing the total income of "our Hangzhou" commercial circles. The shopkeepers may benefit more or less, but how about the poor West Lake? Obviously, a naturally beautiful maiden is forced to have a group of tough guys do her make-up for her. Even if there are not other embarrassing situations created, the act itself is sufficient to spoil our appetite. Alas, the sorrowful West Lady!

But then again, who has time to spare for aesthetic pleasures nowadays? So far the South has been counted as a paradise anyway. In other areas, human lives just equal those of worms. You dare not go even if there is a way; you dare not speak even if you have something to say. Why affect the stale pose of a gentleman and find fucking fault with anything beautiful or not then?

1926

日本俳句三句

/ 导读

　　以下三句从日语译入英语的俳句是应英国《现代诗歌翻译》(*Modern Poetry in Translation*)杂志主办的俳句翻译工作坊之征,算是一种新的尝试吧。译文模拟了原文的五七五音节。

俳句一

HAIKU 1 – by Enomoto Seifu

散花の下にめでたき髑髏かな
　　　　　　　——星布尼

Beneath the blossoms

Falling, the lucky bones of

A fallen figure.

　　　　　—Enomoto Seifu

俳句二

HAIKU 2 – by Yosa Buson

春雨や小磯の小貝ぬるるほど
　　　　　　　——与谢芜村

A sprinkle of spring rain –

For the small shells on the beach

To get wet enough.

　　　　　—Yosa Buson

俳句三

HAIKU 3 – by Sugita Hisajo

蝶追うて春山深く迷ひけり
　　　　　——杉田久女

Chasing butterflies
Deeply in the spring mountains
One gets lost at last.
　　　　　—Sugita Hisajo

第三辑 其他语种译汉

《阿摩卢百咏》选（四颂）

导读

《阿摩卢百咏》是大约于公元七或八世纪在印度结集的一部古典梵语艳情诗集，作者据说是一位名叫阿摩卢的国王，主题集中于男欢女爱、悲欢离合、争风吃醋、打情骂俏等儿女情态。传统素有"阿摩卢一首诗抵百卷书"之说，可见其在梵语文学史上地位之崇高；其中篇什往往被诗人和评论家当作评判其他诗作的标准样板，足见其艺术之精湛。

《阿摩卢百咏》(中西书局，2016) 系首次从梵语译入汉语的全译本。以下译诗即选自该书。

四[1]

花瓣似的下唇被咬[2]，惊得她指尖颤抖：
　　"不不，放开，流氓！"柳眉倒竖她厉声怒斥，
吸气，斜睨，毛发直立。强吻那骄傲女子
　　即得不死甘露。愚蠢众神却徒劳搅海[3]。

十五[4]

家养鹦鹉[5]听见小两口夜间枕边私房话，
　　一早在长辈面前大声地学舌，没完没了；
新娘羞愤难当，用莲色耳坠充当石榴籽
　　塞入它喙中，这才止住了鹦鹉唠唠叨叨。

1　诗人随后在自己的诗篇里展示获取爱欲这一人生目的之果的过程。——原注（译按：印度传统认为，人生有四大目的，即法、利、欲、解脱，应在不同阶段实现。）
2　咬在印度传统中被视为一种性爱技巧，其房中术经典《欲经》中辟有专章论咬法。
3　印度神话传说，天神与阿修罗为求不死甘露，以曼荼罗山为杵，以蛇王为绳，合作搅动乳海，历经数百年艰辛，终于从中搅出包括不死甘露在内的各种宝物，但双方为争夺不死甘露而爆发了战争。
4　诗人的话。——原注
5　在印度神话中，鹦鹉是爱神欲天的坐骑之一，象征欲乐的满足。——译注

五十五[1]

炉火稍熄,她手托满月似的脸蛋;我无计
　　可施,下跪叩头就成了唯一的避难手段。
此时,一直噙在睫毛浓密的眼圈里的泪
　　落在乳坡上跌碎,她突然开恩把我饶恕。

八十三[2]

庭院中,水池畔,柁果树下,倚着一簇繁花,
　　稠密花蕊点缀着一群贪婪雌蜂,嗡嗡嗡,
那女孩用衣襟掩着脸面,我想,正在哭泣,
　　乳房颤动,随叹息起伏,哭声哽在喉咙中。

---

[1] 男主人公的话。——原注
[2] 远行在外的男主人公在春天来临时想象心上人在家中的情形时所说。——原注

《长老尼偈》选(四颂)

> 导读

南传佛教巴利语经典《长老尼偈》是佛陀弟子中女性长者所作偈陀(诗歌),在佛陀在世时就开始结集,故被公认为佛教经典中成书最早的作品。以下选译第78—81颂,内容为狮子尼述其开悟过程。译稿此前未经刊行。

78

烦恼遍满身，追逐逸乐行，
从心所贪欲，心不得安宁。

79

浪荡有七载，羸瘦无颜色，
日夜常苦忧，寻乐不可得。

80

于是入林中，随身携绳索：
在此自了结，强似更堕落。

81

结绳作环套，牢系挂枝柯，
引颈方投环，我心得解脱。

马希亚尔诗六首

导读

马希亚尔(全名 Marcus Valerius Martialis,约38—约104)是古罗马最著名的拉丁语格言体讽刺诗人。其诗短小精悍,机智幽默,涉及人生百态,种种世相,对后世欧洲文学影响巨大。英国玄学诗鼻祖约翰·但恩(John Donne,1573—1631)的《格言集》就颇得其神韵。以下译诗曾于2017年9月13日发表于《世界文学》公众号。

马希亚尔 Marcus Valerius Martialis（约 38—约 104）

(I. 32)

我不爱你，萨比底；我说不出为什么；
　　我能说的只有这么多："我不爱你。"

(IV. 36)

你的胡子白，头发黑；你不能染胡子——
　　原因就在于——欧勒，你能染头发。

(V. 43)

泰伊丝牙齿黑，莱卡妮娅牙齿雪白。
　　是何缘故？一个是真的，一个是买的。

(VII. 3)

我为何不赠给你拙著，庞蒂良努斯？
　　以免你回赠给我大著，庞蒂良努斯。

(IX. 15)

罪犯克洛埃在七任丈夫的墓碑上写道：

"我亲手干的。"[1] 还有什么比这更简明？

(X. 8)

富婆宝拉想要嫁给我，可我不愿意

娶她：她太老。如果再老些，我倒情愿。

---

1 双关语。字面意思是说墓碑是我立的，另一层含义是亲夫都是我谋杀的。

龙沙诗一首

导读

法国诗人彼埃尔·德·龙沙（Pierre de Ronsard, 1524—1585）《赠给埃莱娜的十四行诗集》(1578) 第二卷第四十三首涉及十六世纪——也就是文艺复兴时期——两个流行的主题或观念。其一是从古罗马来的，叫 Carpe diem，意思是抓住时日，及时行乐；其二是说诗，即文学，能使人不朽。原诗无题，按惯例即以首行（或首行一部分）为题。以下译诗最初发表于《外国文学动态》2002年第2期，稍后作为论文《当你年老时：五种读法》中的引文发表于《外国文学》双月刊2002年第5期，又用于《英诗华章》(2015) 一书，以说明叶芝诗《在你年老时》的仿作来源。

当您年老时

当您年老时,夜晚秉着烛光,
坐在炉火旁边,一边纺着线,
一边吟着我的诗,且自惊叹:
"龙沙曾赞颂我貌美的时光。"

您这话并非有意让女仆听见:
她在劳累之后已经半入梦境,
可一听我的名字就翻然清醒,
庆贺您的名字受到不朽礼赞。

我在地下,做了无骨的幽灵,
在香桃树荫之下找到了安宁;
您却成了弓身烤火的老太婆,

后悔我的爱遭到了您的轻慢。
相信我,且行乐,别等明天:
趁今日就把人生的玫瑰采撷。

彼埃尔·德·龙沙 Pierre de Ronsard(1524—1585)

勒韦尔迪诗四首

> **导读**

彼埃尔·勒韦尔迪（Piewe Roverdy, 1889—1960），法国诗人，超现实主义诗歌先驱之一。作品富于具体形象，以象达意，与英美意象主义诗歌异曲同工。以下译文完成于二十世纪八十年代，一直未曾发表。

彼埃尔·勒韦尔迪 Pierre Reverdy（1889—1960）

流浪者

    打不开的门
  掠过的手
      远处一块玻璃碎裂
    灯在冒烟
闪耀的火星
    屋顶上
     天空更黑
各种各样的动物
没有影子
      一道目光
      一块黑斑
无人进入的房屋

太阳

    有人刚刚离去
房间里
   留下一声叹息
被遗弃的生活
      街道

　　　　　　　和敞开的窗户
一缕阳光
洒在绿草坪上

钟声

　　　　一切都已沉寂
风啸歌而过
　　树木摇颤
动物死去
　　看
星星已不再闪烁
　　　大地也不再旋转
一颗头颅低垂
　　长发拂去夜暗
最后一口钟兀立着
　　响彻夜半

启程

地平线弯折
　　白昼更长了

旅行

一颗心在笼中跳动

　一只鸟鸣唱

　它即将死去

另一扇门将要开启

　走廊的尽头

　　闪耀着

　　一颗星

一个肤色黝黑的女人

　即将开动的列车上的灯

海涅诗二首

> **导读**

　　海因里希·海涅（Heinrich Heine, 1797—1856）是声名仅次于歌德的德国大诗人，被称为浪漫主义时代的最后一位诗人。其诗承继浪漫主义传统，采用民歌形式，抒发感伤情调，但又有所突破，常常会在最后"泼冷水"，造成幻灭的讽刺或幽默效果。以下译诗此前未曾发表。

海因里希·海涅 Heinrich Heine（1797—1856）

跟蠢笨女孩在一起

跟蠢笨女孩在一起，我曾寻思，
什么也不会跟蠢笨女孩发生；
可是我开始接近聪明女孩时，
那才是让我更加难堪的时辰。

聪明的对我来说实在太聪明，
她们的问题搞得我很不耐烦，
而我一问起那最要紧的事情，
她们就笑而不给应有的答案。

我情愿,我的歌儿

我情愿,我的歌儿
是小花簇簇:
我要送给心上人
让她嗅一嗅。

我情愿,我的歌儿
是亲吻香香:
我要偷偷都送到
爱人小脸上。

我情愿,我的歌儿
是豌豆小小:
我煮一锅豌豆汤,
味道应很好。

日本俳句选（四十四句）

导读

以下选译了日本经典俳句49句，按作者生卒年序齿如下：井原西鹤（1642—1693）、松尾芭蕉（1644—1694）、野泽凡兆（？—1714）、江左尚白（1649—1722）、三上千那（1650—1723）、向井去来（1651—1704）、小西来山（1654—1716）、椎本才麿（1655—1737）、榎本其角（1661—1702）、也有（1701—1783）、千代尼（1703—1775）、诸九尼（1713—1781）、与谢芜村（1716—1783）、三浦樗良（1729—1780）、高井几董（1741—1789）、菊舍尼（1752—1826）、小林一茶（1763—1827）、听秋（1852—1930）、正冈子规（1867—1902）、夏目漱石（1867—1916）。其中，芭蕉声名最著，有"俳圣"之称。凡兆、尚白、千那、去来、其角为其门生。千代尼、诸九尼、菊舍尼为佛门女尼，风格自然别具。芜村善于吸收汉诗精神，为俳句中兴的代表俳人。一茶善于写生，在平凡中发现惊奇，野而不俗，风格独树一帜。子规为近代俳句革新的开创者，强调个性和艺术性。漱石为其门生，主要以小说名世。以下译文曾发表于《世界文学》双月刊2018年第6期。

井原西鹤(一句)

春天哟,消逝在箱子里。换季喽。

松尾芭蕉(三句)

五月雨中,鹤腿变短了。

清凉凉,脚蹬在墙上,午睡哉。

不能忘怀,白露中,那寂寞滋味。

野泽凡兆(一句)

剃刀呀,一夜之间生了锈,五月雨。

江左尚白(一句)

十月了,哪儿也没去,也没人来。

三上千那（一句）

纸屑呀，用人走后，寂寞之物。

向井去来（一句）

叶荫下，滚出瓜，热啊！

小西来山（一句）

涉水而过，以草拭足，夏日原野啊。

椎本才麿（一句）

五月雨呀，梅树叶，寒风色。

榎本其角（一句）

午后暴雨中，有女独坐，朝屋外张望。

也有（一句）

用人换啦，扫帚挂在不同处。

千代尼（一句）

钓竿垂丝处，触动了呀，夏月。

诸九尼（一句）

勿忘我花开，往事啊怎能忘怀！

与谢芜村（六句）

短夜呀，毛虫身上，露珠晶莹。

短夜呀，芦苇间流动，螃蟹泡。

短夜呀，浅滩中，还剩一片月。

阵雨呀，村中麻雀，紧抓草叶。

涉过夏日溪流，草鞋在手，好欢喜哟！

悦目啊，爱人的扇子，显得真白。

三浦樗良（二句）

夏月，河对岸那人，是谁？

换季也，乌鸦黑，鹭鸶白。

高井几董（二句）

清水啊，小鱼逆流游，直倒退。

雾深处，山船间回荡，什么叫声？

菊舍尼（一句）

桥上纳凉，只剩下，月和我。

小林一茶（五句）

君不见，一队蚂蚁云端来！

羞愧呀，午睡时听见，插秧歌。

傍晚纳凉，不觉生命，随钟声消逝。

傍晚纳凉，但觉生命，随钟声消逝。

纵有跳蚤啮痕，年轻即美丽。

听秋（一句）

碎了又碎，水中月，依旧在。

正冈子规（十二句）

转身屁股对佛像，月色凉。

清凉呀，雨中螃蟹上松树。

吊桥上，清凉雨脚乱如麻。

荷兰船呀，帆好多。云朵朵。

五月雨中，有人在船，炊烟啊。

一人待在编辑部呀，五月雨季。

阵雨中，雨点击打鲤鱼头。

身着锦缎，祭典上，牛出汗。

夏日溪流呀，虽然有桥梁，马从水中行。

门口纳凉，有人呀，熟知星子名。

雷雨乍晴，一树夕阳，蝉噪声。

老墙角内，怀孕蜘蛛，一动不动。

夏目漱石（一句）

底下石头，看似浮动。清水啊。

傅浩著译存目

诗 / 文集

《傅浩文集之一·诗学卷·距离》(北京：作家出版社，2002)

《傅浩文集之二·杂文卷·子时》(北京：作家出版社，2002)

《傅浩文集之三·武学卷·太极拳行知录》(北京：作家出版社，2002)

《说诗解译：中外诗歌与翻译论集》(北京：中国传媒大学出版社，2005)

《窃火传薪：英语诗歌与翻译教学实录》(上海：上海外语教学出版社，2011)

《秘密：我怎样作诗》(桂林：广西师范大学出版社，2011)

Another Eventful Autumn: Poems 2018—2020 (即出)

专著

《英国运动派诗学》(南京：译林出版社，1998)

《叶芝评传》(杭州：浙江文艺出版社，1999)

《叶芝》(成都：四川文艺出版社，1999)

《叶芝诗解》(上海：上海外语教育出版社，2021)

著译

《英国抒情诗》(广州：花城出版社，1992)

《英国抒情诗解读》〔电子版〕(沈阳：辽宁教育出版社，2002)

《英诗名篇精选：明亮的星》〔英汉对照〕(哈尔滨：哈尔滨出版社，2005)

《英诗华章：汉译·注释·评析》〔英汉对照〕(北京：中央编译出版社，2015)

译著

《叙事虚构作品》〔合译〕(北京：三联书店，1989)

《诗歌解剖》(北京：三联书店，1992)

《耶路撒冷之歌：耶胡达·阿米亥诗选》(北京：中国社会出版社，1993)

《叶芝抒情诗全集》(北京：中国工人出版社，1994)

《约翰·但恩：艳情诗与神学诗》(北京：中国对外翻译出版公司，1999)

《了解女人》〔合译〕(南京：译林出版社，1999)

《叶慈诗选》〔英汉对照〕(台北：书林出版有限公司，2000)

《乔伊斯诗全集》(石家庄：河北教育出版社，2002)

《耶胡达·阿米亥诗选》〔增订本〕(石家庄：河北教育出版社，2002)

《叶芝诗集》〔修订本〕(石家庄：河北教育出版社，2003)

《二十世纪英语诗选》(石家庄：河北教育出版社，2003)

《德瑞克·沃尔科特诗选》(石家庄：河北教育出版社，2004)

《叶芝诗精选》〔英汉对照〕(北京：华文出版社，2005)

《我从你逃向你》〔合译〕(台北：皇冠出版社，2005)

《英国玄学诗鼻祖约翰·但恩诗集》〔增订本〕(北京：北京十月文艺出版社，2006)

《失落的大陆：拿单·扎赫诗选》(北京：人民文学出版社，2010)

《叶芝抒情诗选》(昆明：云南人民出版社，2011)

《叶芝诗选》(长春：吉林出版集团时代文艺出版社，2012)

A Xu Zhimo Reader〔汉译英〕(北京：五洲传播出版社，2013)

《约翰·但恩诗选》〔英汉对照〕(北京：外语教学与研究出版社，2014)

《威廉·卡洛斯·威廉斯诗选》(上海：上海译文出版社，2015)

《尤力乌斯·恺撒》〔英汉双语〕(北京：外语教学与研究出版社，2015)

《斯坦利·摩斯诗选》(重庆：重庆大学出版社，2015)

《叶芝诗选》〔英汉对照〕(上海：上海外语教育出版社，2015)

《噪音使整个世界静默：耶胡达·阿米亥诗选》(北京：作家出版社，2016)

《寂然的狂喜》〔合译〕(北京：中信出版社，2016)

《约翰·但恩诗集》(上海：上海译文出版社，2016)

《阿摩卢百咏》〔梵汉对照〕(上海：中西书局，2016)

《叶芝诗集》〔增订本〕(上海：上海译文出版社，2018)

《叶芝诗选》(北京：中国宇航出版社，2019)

《我们的爱情长成星辰：叶芝抒情诗精选》(天津：天津人民出版社，2019)

《我用古老的方式爱过你：叶芝经典诗集》(南京：江苏凤凰文艺出版社，2019)

《毗尔诃纳五十咏》〔梵汉对照〕(上海：中西书局，2019)

《在你年老时：叶芝诗歌精选》〔大字本〕(北京：中国盲文出版社，2019)

《泰戈尔诗集：失群之鸟》〔英汉对照〕(上海：中西书局，2020)

编译

《叶芝精选集》(北京：北京燕山出版社，2008)

《乔伊斯诗歌·剧作·随笔集》(昆明：云南人民出版社，2011)

《乔伊斯文集：乔伊斯诗歌·剧作·随笔集》(上海：上海译文出版社，2012)

论文

《1987年诺贝尔文学奖获得者约·布罗茨基》(署名伊村)，《中国文化

报》1988年1月27日第3版

《现代英诗的运动轨迹：否定之否定》，《外国文学评论》1989年第2期

《诗坛隐者菲利浦·拉金》，《环球》1989年第7期

《爱尔兰诗人希内的道路》，《环球》1990年第3期

《论诗之可译》，《诗刊》1990年第2期

《运动派的一个宣言：纯洁英诗用语》，《外国文学评论》1990年第2期

《运动派的文学爱国主义》，《外国文学研究》1990年第4期

《耶胡达·阿米亥和他的诗》，《外国文学》1991年第1期

《英国运动派的诗歌审美观形式观和本体观》，《中国社会科学院研究生院学报》1991年第2期

《早期叶芝：梦想仙境的人》，《国外文学》1991年第3期

《新诗格律建设之我见》，《诗双月刊》第二卷第五期（1991）

《分裂与统一：希内及其诗简介》，《世界文学》1991年第2期

《沉寂与喧闹之间：英美"诗歌业"旁观》，《世界文学》1992年第2期

《〈诗歌解剖〉译序：漫谈英诗》，《诗歌解剖》（北京：三联书店，1992）

《〈耶路撒冷之歌〉译者序》，《耶路撒冷之歌》（北京：中国社会出版社，1993）

《逆水独航海湾外》，《文艺报》1993年1月16日第6版

《他的语调令人永远难忘：记以色列诗人耶胡达·阿米亥》，《文艺报》1993年8月21日第6版

《崇尚真人真事：论运动派的诗歌题材观》，《国外文学》1993年第1期

《随想诗话》,《中华读书报》1994年9月28日第3版

《非浪漫时代的普通人:论运动派的诗人观》,《中国社会科学院外国文学研究所三十年文选》(北京:中国工人出版社,1994)

《约翰·但恩的敬神十四行诗》,《国外文学》1994年第4期

《〈叶芝抒情诗全集〉译者序》,《叶芝抒情诗全集》(北京:中国工人出版社,1994)

《身在尘世心向净土——叶芝诗〈因尼斯弗里岛〉赏析》,《名作欣赏》1994年第4期

《以色列诗歌的历程》,《文艺报》1995年4月8日第6版

《永恒的爱尔兰诗魂》,《文艺报》1995年5月6日第6版

《约翰·但恩的艳情诗和神学诗》,《外国文学评论》1995年第2期

《他从泥土中走来》,《出版广角》1995年第6期

《理想的独唱写实的自画:乔伊斯诗歌简介》,《国外文学》1995年第4期

《他从泥土中走来》,《外国文学动态》1995年第2期

《叶芝》,《20世纪欧美文学史》第二册(北京:北京大学出版社,1995)

《他从黑暗的泥土中走来》,《文艺报》1996年1月5日第6版

《他从泥土中走来》,《诗刊》1996年第2期

《希内的诗路历程》,《文艺界通讯》1996年第1期

《叶芝诗中的东方因素》,《外国文学评论》1996年第3期

《〈荒原〉六种中译本比较》,《外国文学研究》1996年第2期

《爱情的玄学:约翰·但恩诗〈临别赠语:莫伤悲〉赏析》,《名作欣赏》1996年第3期

《希尼的诗路历程》,《诗双月刊》总 32 期 (1997 年 1 月)

《约翰·但恩的玄学诗》,《诗双月刊》总 37 期 (1997 年 12 月)

《希尼》,《诺贝尔文学奖文库》(杭州:浙江文艺出版社,1998)

《〈约翰·但恩:艳情诗和神学诗〉译者序》,《艳情诗和神学诗》(北京:中国对外翻译出版公司,1999)

《叶芝的戏剧实验》,《外国文学》1999 年第 3 期

"On English Translation of Classical Chinese Poetry", in (FIT) Revue Babel 45:3, 1999.

《叶芝的象征主义》,《国外文学》1999 年第 3 期;王守仁、何宁(编)《英国文学史论》(上海:上海外语教育出版社,2017)

"On English Translation of Classical Chinese Poetry" (version 2),《中国社会科学院人文科学论文集》〔英文〕(北京:外文出版社,1999)

《叶芝的神秘哲学及与其文学创作的关系》,《外国文学评论》2000 年第 2 期

《叶芝的影响及其后的爱尔兰诗歌》,《外国文学动态》2001 年第 1 期

《诗话三则》,《诗刊》2001 年第 5 期

《菲利浦·拉金的诗歌语言艺术》,《英美文学研究论丛》第二辑(上海:上海外语教育出版社,2001)

《以色列诗歌的历程》,《外国文学》2001 年第 5 期

《叶芝》,《欧洲文学史》第三卷上册(北京:商务印书馆,2001)

《沃尔科特:左右逢源的边缘诗人》,《世界文学》2002 年第 3 期

《我的译诗原则和方法及作为译者的修养观》,《中华读书报》2002 年 6 月 19 日第 24 版

《当你年老时：五种读法》,《外国文学》2002年第5期

《苦难的位置：〈美术馆〉和〈给奥登先生的备忘录,29/8/66〉的对比阅读》,《外国文学》2003年第6期

《诗歌翻译对诗歌创作的影响》,《中华读书报》2004年4月21日第19版

《论英语自由诗的格律化》,《外国文学评论》2004年第4期

《论中国古诗的英译》(汉译本),《国外文学》2005年第1期

《以普拉斯〈女拉撒路〉为例论非私人化诗歌理论》,《外国文学研究》2005年第2期

《创造自我神话：叶芝作品的互文》,《外国文学》2005年第3期

《从〈臭鼬时辰〉看作者意图在诗歌评论中的作用》,《英美文学研究论丛》第六辑(上海：上海外语教育出版社,2007)

《我的译诗原则和方法及作为译者的修养观》,《中西诗歌翻译百年论集》(上海：上海外语教育出版社,2007)

《从〈臭鼬时辰〉看作者意图在诗歌评论中的作用》,《国外文学》2008年第3期

《叶芝作品中的基督教元素》,《外国文学》2008年第6期

《Ts'ai Chi'h是谁？》,《外国文学评论》2010年第2期；《复印报刊资料·外国文学研究》2010年第10期

《西方文论关键词：自由诗》,《外国文学》2010年第4期；《西方文论关键词》第二卷(北京：外语教学与研究出版社,2017)

《怎样译诗：兼评〈英诗汉译学〉》,《东方翻译》2011年第1期

《叶芝在中国：译介与研究》,《外国文学》2012年第4期；《复印报刊

资料·外国文学研究》2012年第12期;《新中国60年外国文学研究》第一卷上(北京:北京大学出版社,2015)

《译诗如歌:再谈怎样译诗》,《外国文艺》2012年第5期

《事物之外别无理念:威廉·卡洛斯·威廉斯的诗学理念》,《世界文学》2013年第5期

《威廉斯与庞德、艾略特的诗学恩怨》,《外国文学》2014年第4期;《复印报刊资料·外国文学研究》2014年第10期

《梵语诗歌现代汉译形式初探:以〈妙语宝库〉为例》,《北大南亚东南亚研究》第二卷(北京:中国青年出版社,2014)

《耶胡达·阿米亥诗中的理趣》,《外国文学》2015年第4期;《复印报刊资料·外国文学研究》2015年第12期

《物外无意:威廉·卡洛斯·威廉斯风景诗管窥》,《外国文学评论》2016年第3期;《复印报刊资料·外国文学研究》2016年第11期

《〈阿摩卢百咏〉:一颂诗抵百卷书》,《外国文学》2016年第6期;《复印报刊资料·外国文学研究》2017年第3期

《郑振铎译〈飞鸟集〉指瑕》,《东方翻译》2018年第2期

《解说的必要:以叶芝诗为例》,《外国文学》2018年第4期;《复印报刊资料·外国文学研究》2018年第12期

《一个译者的几个不要》,《东方翻译》2018年第5期

《叶芝心/眼里的中国》,《外国文学》2019年第4期;《复印报刊资料·外国文学研究》2019年第10期

讲演录

《漫谈诗之体用》,《扬子江诗刊》2004 年第 5 期

《诗学漫谈：兼驳几个流行的谬论》,《汉诗》2010 年第 2 期

《英语自由诗的源起和发展》,刘迎秋（主编）《社科大讲堂》(北京：经济管理出版社，2011)

访谈录

《亦文亦武论中西》(暨诗选五首),《诗网络》2005 年 2 月第 19 期

《好的翻译犹如射箭正中靶心》(程文访翻译家傅浩),《文艺报》2018 年 2 月 12 日第 7 版

通信录

《论〈普罗米修斯的解放〉片段的翻译》,《星星》下半月刊 2008 年 3 月号

《关于译诗的通信》,载《当代国际诗坛》第二辑 (北京：作家出版社，2008)

译文

《叶芝早期诗五首》,《国外文学》1985 年第 1 期

《叶芝诗抄》,《外国诗》第 5 期(北京:外国文学出版社,1986)

《亚当所受的诅咒》,《孤独的玫瑰》(上海:上海译文出版社,1986)

《叶芝诗抄》,《外国诗》第 6 期(北京:外国文学出版社,1987)

《布莱散文诗四首》,《诗刊》1987 年第 3 期

《布罗斯基诗一首》,《诗刊》1988 年第 2 期

《欧洲犹太诗人与南非黑人诗人之比较》,《外国文学动态》1988 年第 5 期

《叶芝诗五首》,王佐良(编)《英国诗选》(上海:上海译文出版社,1988)

叶芝《白鸟》,《诺贝尔文学奖金获奖诗人作品选》(杭州:浙江文艺出版社,1988)

《叶芝诗三首》,《你为什么沉默不语》(北京:外国文学出版社,1989)

斯坦利·E.费士《读者内心中的文学:情感文体学》,《西方二十世纪文论选》(北京:中国社会出版社,1989)

《盖斯科因诗三首》,《当代欧美诗选》(沈阳:春风文艺出版社,1989)

《威廉斯诗五首》,《外国现代派百家诗选》(贵阳:贵州人民出版社,1989)

《布罗茨基诗二首》,《外国现代派百家诗选》(贵阳:贵州人民出版社,1989)

《布莱散文诗三首》,《外国散文诗选》(沈阳:春风文艺出版社,1990)

《尼·乔万尼诗十一首》,《外国文学》1991年第6期

《希内诗六首》,《世界文学》1991年第2期

《叶芝早期抒情诗十首》,《国外文学》1991年3期

《耶胡达·阿米亥诗十五首》,《外国文学》1991年第1期

《瑞恩诗抄》,《东西南北集》(北京:外国文学出版社,1991)

《致晚星》、《修表》、《那一夜,在香港》(台北:中华日报出版部,1991)

纳丁·戈迪默:《写作与存在》,《世界文学》1992年第5期

《拉金诗十首》,《世界文学》1992年第6期

《当代摩洛哥五诗人小辑》,《诗刊》1992年第9期

《德·沃尔科特诗二首》,《诗刊》1992年第12期

《路·辛普森、西·希内、耶·阿米查依诗》,《外国二十世纪纯抒情诗精华》(北京:作家出版社,1992)

《听者》、《灰松鼠》、《打油诗》、《飨宴》(台北:中华日报出版部,1992)

《运动派诗抄》,《国外文学》1993年第1期

休·麦克迪尔米德:《诗与科学》,《20世纪外国重要诗人如是说》(郑州:河南人民出版社,1993)

西穆斯·希内:《进入文字的情感》,同上

狄兰·托马斯:《带着被文字感动的神秘返回》,同上

《临别赠语:谈哭泣》,《外国文学动态》1993年第9期

《狄安娜赞》、《披风》,《中华日报副刊》1994年10月4日第11版

《达丽亚·拉维考维赤诗二首》,《世界文学》1994年第6期

约翰·但恩:《敬神十四行诗:神学冥想》,《国外文学》1994年第4期

《叶芝诗二首》,《诺贝尔文学奖获奖作家短诗精品》(北京:百花洲文

艺出版社，1994）

马克·斯特兰德:《吃诗》,《以诗论诗》(太原：北方文艺出版社，1994)

阿米亥《今天，我儿子》,《世界诗库》第8卷（广州：花城出版社，1994）

休·麦克迪尔米德《诗与科学》,《世界文论5·波佩的面纱》(北京：社会科学文献出版社，1995）

《斯丹利·莫斯诗五首》,《诗刊》1995年第6期

布莱斯特里特、狄金森、杜利特尔、米莱、布鲁克斯、塞克斯顿、里奇、普拉斯等诗选，"蓝袜子丛书"《我，生为女人》（石家庄：河北教育出版社，1995）

西特韦尔、瑞恩诗选，"蓝袜子丛书"《自己的一间屋》（石家庄：河北教育出版社，1995）

打油诗、情歌、字谜、三个乞丐、教育旅行、傻瓜的标志等，柯彦玢（编）《英语幽默精品》（北京：北京大学出版社，1995）

《希尼诗抄》,《出版广角》1995年第6期

《詹姆斯·乔伊斯诗十六首》,《国外文学》1995年第4期

《希尼诗二十首》,《世界文学》1996年第1期

《希尼诗十五首》,《外国文学》1996年第1期

《希尼诗抄》,《诗刊》1996年第2期

希内:《进入文字的感情》（合译）,《诗探索》1996年第1期

乔伊斯:《伽寇摩·乔伊斯》,《外国文学》1996年第3期

约翰·但恩:《临别赠语：莫伤悲》,《名作欣赏》1996年第3期

希尼《归功于诗》,《世界文学》1996年第5期

《谢默斯·希尼诗选》,《诗双月刊》总32期(1997年1月)

《玛丽安娜·莫尔:〈诗〉》、《安·塞克斯顿诗二首》、《妮姬·乔万尼诗一首》,《诗刊》1997年第2期

耶胡达·阿米亥《时间》七首,《当代外国文学》1997年第3期

《约翰·但恩诗六首》,《诗双月刊》总37期(1997年12月)

《詹姆斯·乔伊斯诗三首》,《诗刊》1998年第7期

希内《水獭》,《灿烂的星》(重庆:重庆出版社,1998)

希尼《归功于诗》,《诺贝尔文学奖文库》(杭州:浙江文艺出版社,1998)

纳丁·戈迪默《写作与存在》,《诺贝尔文学奖文库》(杭州:浙江文艺出版社,1998)

叶芝《白鸟》、《希尼诗二十首》,《诺贝尔文学奖文库》(杭州:浙江文艺出版社,1998)

叶芝《天青石雕》、希尼《诗九首》,《历届诺贝尔文学奖获得者诗歌金库》(北京:人民日报出版社,1998)

詹·乔伊斯《诗十三首》,《世界文学》1999年第1期

《当代爱尔兰诗选》,《当代外国文学》1999年第4期

《维罗纳:一个年轻女人说》《世界文学》1999年第6期;《小说中的小说》(南京:译林出版社,2010)

《麦凯格诗选》(十首),《世界文学》2001年第1期

《阿米亥诗十首》,《世界文学》2001年第4期

《沃尔科特诗十六首》,《世界文学》2002年第3期

《维罗纳:一个年轻女人说》《斯塔兹》,《20世纪外国短篇小说编

年·美国卷》(北京：人民文学出版社，2002)

《从不》，《20世纪外国短篇小说编年·英国卷》(北京：人民文学出版社，2002)

彼埃尔·德·龙沙：《当你年老了》，《外国文学动态》2002年第2期

《二十世纪非洲英语诗选》，《诗刊·下半月刊》2002年第7期

《西蒙·阿米蒂奇诗二首》，《世界文学》2002年第6期

《沃尔特·德拉梅尔诗选》，《世界文学》2003年第1期

《乔·夏布考特诗歌自选》，《世界文学》2002年第3期

哈·古里《小珂娣》、耶·阿米亥《小路得》，《世界文学》2003年第6期

《二十世纪澳大利亚诗选》，《诗刊》2004年1月号上半月刊

库切：《他和他的人》、《宴会致词》，《世界文学》2004年第3期

《印度英语诗三家》，《世界文学》2004年第3期

《拉金诗选》，《扬子江诗刊》2004年第2期

拿单·扎赫：《更大的勇气》，《外国文学动态》2004年第3期

安妮·卡森：《第一道迦勒底神谕》，《诗网络》2004年第6期

《二十世纪新西兰诗选》，《诗刊》2004年7月下半月刊

丝妮德·莫里塞《中国》，《灵感之道：中英作家列车在线》(上海：上海文艺出版社，2004)

《妮琪·乔万尼诗选》，《扬子江诗刊》2005年第4期

《浑身着绿我的爱人奔驰》等，《我愿是急流》(北京：人民文学出版社，2005)

《筑巢地》《妈妈，妈妈，我得了个奖》等，《妈妈，妈妈，我得了个

奖》(武汉：湖北少年儿童出版社，2005)

《夏季开始了》，《2005年外国文学译品精选》(武汉：长江文艺出版社，2006)

《爱的无限》《亲爱的，虽然夜已逝去》《援救》《情歌：它就这样开始》等，《世间最美的情诗》(北京：中国青年出版社，2007)

《耶胡达·阿米亥诗歌》，《诗选刊》2007年第7期

《美国三诗人作品选》，《诗刊》2008年8月号上半月刊

《脚手架》，《中国大学生读本》(北京：北京大学出版社，2008)

《红色没有名字》，《当代世界文学》中国版第一辑(北京：北京师范大学出版社，2008)

《把流氓钉上十字架》，《外国文学》2008年第6期

艾略特《〈磐石〉中的合唱词》，《诗歌月刊》(下半月刊)2008年第10期 / 《艾略特文集·诗歌》(上海：上海译文出版社，2012)

艾略特《老负鼠的群猫英雄谱》，《世界文学》2009年第1期 / 《艾略特文集·诗歌》(上海：上海译文出版社，2012)

库切《妈妈，妈妈，我得了个奖》，《20世纪外国散文精选》(上海：上海人民美术出版社，2009)

叶芝《丽达与天鹅》，《诗歌读本》〔大学卷〕(桂林：广西师范大学出版社，2010)

《切伯·黑廷格诗选》，《世界文学》2011年第4期

《威廉·卡洛斯·威廉斯诗18首》《威廉·卡洛斯·威廉斯的诗论》，《译诗》2012年第一卷(武汉：长江文艺出版社，2012)

《叶芝诗新译》(及附记)，《诗书画》2012年7月号(总第五期)

艾略特早年诗四首(《饕餮寓言》等),《艾略特文集·诗歌》(上海:上海译文出版社,2012)

希尼《眼离》,《文艺报》2013 年 9 月 8 日第 3 版

威廉·卡洛斯·威廉斯《诗二十六首》,《世界文学》2013 年第 5 期

徐志摩诗三首(汉译英),《英语学习》2013 年第 8 期

威廉斯《诗十首》,《外国文学》2014 年第 4 期

耶胡达·阿米亥诗新译十七首,《世界文学》2015 年第 2 期

《耶胡达·阿米亥谈诗歌艺术》(与柯彦玢合译),《世界文学》2015 年第 2 期

斯坦利·摩斯回忆录《萨堤罗斯日记》,《汉诗》2015 年第 1 期

斯坦利·摩斯诗选,《汉诗》2015 年第 1 期

耶胡达·阿米亥诗十首,《外国文学》2015 年第 4 期

耶胡达·阿米亥诗新译十八首,《西部》2015 年第 11 期

《阿摩卢百咏》选译,《世界文学》2016 年第 4 期

斯坦利·摩斯诗选,《西部》2016 年第 10 期

鲍勃·迪伦歌词选,《世界文学》2017 年第 2 期

塔哈尔·本热隆诗选、阿卜德拉曼·本汉姆扎诗选,《光年》第 1 卷(2017 年第 1 期)

叶芝生前未发表的早期诗作选,《世界文学》2017 年第 5 期

叶芝生前未发表的少作,《光年》第 2 卷(2018 年第 1 期)

日本经典俳句选,《世界文学》2018 年第 6 期

当代摩洛哥法语诗九家,《星河·立春·夏至》(北京:人民文学出版社,2020 年 7 月)

斯坦利·摩斯近作选,《诗刊》2021年月上半月刊

词条

《外国名作家大词典》部分词条(桂林:漓江出版社,1989)
《世界名诗鉴赏词典》(编委)部分词条(北京:北京大学出版社,1990)
《百万个为什么·外国文学卷》部分词条(桂林:漓江出版社,1990)
《莎士比亚辞典》部分词条(石家庄:河北人民出版社,1992)
《诺贝尔文学奖词典》部分词条(兰州:敦煌文艺出版社,1993)
《外国爱情诗鉴赏辞典》部分词条(长春:吉林大学出版社,1994)
《诺贝尔文学奖辞典》部分词条(桂林:漓江出版社,1997)
《新编二十世纪外国文学大词典》部分词条(南京:译林出版社,1999)

诗作

《雨中》,《诗双月刊》第二卷第三期(1990)
《傅浩作品》(七首),《笠诗刊》1991年2月号
《黄昏》,《中华日报副刊》1991年4月17日
《傅浩作品》(三首),《笠诗刊》1991年8月号
《傅浩作品》(二首),《笠诗刊》1991年10月号

《傅浩作品》(三首),《笠诗刊》1992年2月号

《旅》,《笠诗刊》1992年6月号

《惠特曼的中译者》(中英对照),《诗双月刊》第三卷第六期第四卷第
    一期合刊(1992)

《路遇》,《诗双月刊》第四卷第四、五期(1993)

3 Poems, *Xero*, Cambridge, 1993

《诗二首》(希伯来文,耶胡达·阿米亥译),以色列《最新消息报》
    (*Yediot Aharonot*)1994年1月7日

《病中日记·距离》,《诗刊》1996年第12期

《再会:赠一爱尔兰女孩》,《诗刊》2000年第10期

《傅浩诗二首》(苦行;小雪),《山西文学》2001年第10期

《距离》(组诗,五首),《诗刊》2003年1月号上半月刊

《彼岸》(外四首),《作品》2007年第1期

《傅浩的诗》(七首),《中西诗歌》2007年第1期

《彼岸》(外四首),《诗选刊》2007年第4期

《秘密》《在博物馆》,《2006中国新诗年鉴》(广州:花城出版社,
    2007)

《遗子诗》《入梦的女人》,《2007中国新诗年鉴》(广州:花城出版社,
    2008)

《沙滩玻璃》,《诗歌:无限的可能——第三届青海湖国际诗歌节诗人
    作品集》(西宁:青海人民出版社,2011)

《傅浩近作》(二十四首),《诗潮》2018年第1期

《诗六首》,《诗探索·作品卷》2018年第1辑

《傅浩的诗》(四首),《作品》2018年第6期。其中《诗应像科学一样精确》入选《2018年中国诗歌精选》(武汉:长江文艺出版社,2019)

《傅浩的诗》(七首),《汉诗》2018年第2季(总第42卷)

《傅浩的诗》(九首),《汉诗》2018年第4季(总第44卷)

《早春》《观棋》《潜水》(汉英双语),《诗歌,附体的精灵:2019西昌邛海"丝绸之路"国际诗歌周诗文选》(成都:四川民族出版社,2019)

《这些佛陀时代不曾有的噪声》,新华网"诗人留声机"栏目2019年12月9日

杂文

《缘聚耶路撒冷》,《中华读书报》1994年8月3日第3版

《中国画的尴尬》,《中华读书报》1996年12月25日第3版

"The Hidden Secrets Rediscovered: A New English Translation of Yinfu Jing in the Making", *IIAS Newsletter* 13 (Summer, 1997)

"The Essence of T'ai Chi Ch'uan", *Irish Fighter*, Vol.5, No.1, Dublin, 1998

"Meditation in Relation to the Martial Arts", *Irish Fighter*, Vol.5, No.3, Dublin, 1998

《颠倒东西》,《杂文报》1999年12月21日第4版/《中华读书报》2001年12月5日第22版

《子时》,《中华读书报》2000年1月5日第3版

《文化原始》,《黑龙江日报》2000年3月20日第7版

《千年忧思》,《黑龙江日报》2000年6月5日第7版

《西方无隐私》,《中华读书报》2000年6月7日第21版/《黑龙江日报》9月5日第11版

《单纯如火的心地》,《中华读书报》2000年7月26日第15版

《也说"思想家"》,《中华读书报》2000年8月9日第3版

《时间不动》,《散文》2000年第9期/《人民日报》(海外版)2001年5月16日第11版/《黑龙江日报》2001年9月24日第10版

《太极拳的重复与放松》,《精武》2000年第10期

《美的功用》,《黑龙江日报》2000年10月24日第11版

《神女之城印象》,《中华读书报》2000年11月1日第17版/《英中未来》2001年4月第13期

《不知所措》,《黑龙江日报》2000年11月28日第11版

《纯属虚构》,《黑龙江日报》2001年1月4日第10版

《此论大可一哂》(原题《散文与随笔》),《山西文学》2001年第3期

《情结》,《人民日报》(海外版)2001年2月14日第10版

《象箸及其它》,《人民日报》(海外版)2001年2月21日第10版

《耶路撒冷之忆》,《外国文学动态》2000年第6期

《虚荣心》,《人民日报》(海外版)2001年3月14日第14版

《正邪之分》,《黑龙江日报》2001年3月8日第10版

《生活与生存》(原题《超越生存》),《人民日报》(海外版)2001年3月21日第10版

《译诗杂谈》,《世界文学》2001年第2期

《到此一游》,《黑龙江日报》2001年4月5日第10版

《懒的背面》(原题《说懒》),《人民日报》(海外版)2001年4月11日第10版

《命运》,《人民日报》(海外版)2001年4月18日第10版/《黑龙江日报》2001年7月19日第10版

《四月,美国人都要"吟诗"》(原题《美国正在举办全国诗歌节》),《环球时报》2001年4月20日第22版

《圣保罗大教堂的回响》,《黑龙江日报》2001年5月10日第10版/《中华读书报》2001年12月19日第23版

《伦敦掠影》,《黑龙江日报》2001年5月24日第10版/《中华读书报》2002年1月16日第23版

《可怜中国文人心》,《大师经典之二:诺贝尔文学奖错失的20位文学大师》(海口:南海出版公司,2001)

《太极拳论疏解四题》,《精武》2001年第8期

《圣经不是一本书》,《中华读书报》2001年8月15日第8版

《现代诗不等于自由诗》,《山西文学》2001年第10期

《访叶芝女士》,《黑龙江日报》2001年10月22日第10版

《踏访耶稣的遗迹》,《中华读书报》2001年11月7日第22版

《见俗思易》,《人民日报》(海外版)2001年11月7日第10版/《中华读书报》2002年1月23日第8版

《变与不变》,《人民日报》(海外版)2001年11月21日第10版

《我的第一本书:〈英国抒情诗〉》,《黑龙江日报》2001年11月20日第

10版
《"可道"辨正》,《北京大学学报》(哲学社会科学版)2001年第3期
《太极拳练法:小说腰隙、身手、发劲和功力》,《中华武术》2002年
    第1期
《美国文学史的一种写法》,《中华读书报》2002年1月30日第24版
《西洋学剑记》,《山西文学》2002年第2期/《精武》2002年第3—
    4期
《诺贝尔奖是这样提名的吗》,《中华读书报》2002年3月20日第22版
《为"肉夹馍"正名》,《黑龙江日报》2002年3月25日第10版
《听化拿发与擎引松放》,《武林》2002年4月第22卷第4期
《简化字的悲哀》,《黑龙江日报》2002年4月29日第10版
《诗之真伪》,《诗刊》(下半月刊)2002年第6期
《太极拳习练次第和功夫境界》,《精武》2002年第7期
《孔子无友》,《中华读书报》2002年7月31日第3版
《天真的误译》,《黑龙江日报》2002年8月12日第10版
《二十世纪英语诗歌的采撷》,《中华读书报》2003年1月22日第24版
《道德的底线》,《中华读书报》2003年3月5日第19版
《名家荐书》,《黑龙江日报》2004年2月6日第10版
《幸存的诗》,《中华读书报》2004年3月17日第20版
《被两种血液毒害》,《中国图书商报》2004年5月28日第9版
《知识的不同命运》,《中华读书报》2008年4月2日第19版;《广州文
    艺家》2008年第3期
《假如摩西与孔子相遇》,《法制资讯》2008年第4期

《汉译乔伊斯诗歌》,《中华读书报》2008年7月16日第19版

《关于"玄"字的避讳》,《中华读书报》2008年11月19日第10版

《警世危言与信仰之光:艾略特的戏剧组诗〈《磐石》中的合唱词〉》,《诗歌月刊》(下半月刊)2008年第10期

《"火齐儿柿子"名称考》,《中国社会科学院报》2008年11月20日第7版

《漫谈英语学习》,《英语学习》2008年第11期

《诗骚的源头活水》,《中国社会科学院报》2008年12月23日第7版;《广州文艺家》2009第1期

《关于吴王金戈及其铭文》,《中国社会科学院报》2009年1月6日第8版

《关于文学教学的随想》,《中国社会科学院报》2009年1月20日第8版

《距离》,《中国社会科学院报》2009年2月5日第7版

《惠特曼的中译者》,《中国社会科学院报》2009年3月3日第12版

《文字的速度》,《中国社会科学院报》2009年4月7日第12版/《广州文艺家》2009年第6期

《雅与不雅的考证》,《中国社会科学院报》2009年4月21日第12版

《朝三暮四与朝四暮三》,《中国社会科学院报》2009年5月21日第8版

《女子与小人》,《中国社会科学院报》2009年6月9日第12版/《广州文艺家》2011年第1期

《睡前失眠与睡后失眠》,《中国社会科学报》2009年7月28日第12版

《说"二百五"》,《中国社会科学报》2009年8月11日第12版

《君子何谓》,《中国社会科学报》2009年12月1日第14版

《"贰过"别解》,《中国社会科学报》2010年1月5日第19版

《我看电影〈阿凡达〉》,《中国社会科学报》2010年1月19日第19版

《〈窃火传薪〉跋》,《文景》2010年4月总第64期

《文学翻译的难处》,《文艺报》2010年10月25日第12版

《诗人之殇》,《广州文艺家》2010年第3期。《中国艺术报》2011年4月27日转载

《英国文学面面观:评〈牛津英国文学百科全书〉》,"求是论坛"(bbs.qstheory.cn)2010年1月29日

《我学诗的历程》,《文景》2011年第1、2月合刊总第72期

《诗歌翻译的贴与离》,《诗歌:无限的可能——第三届青海湖国际诗歌节诗人作品集》(西宁:青海人民出版社,2011)

《犹太人的幼学》,《广州文艺家》2010年第4期

《一种翻译方法论:贴与离》,《文艺报》2011年12月12日第7版

《叶芝在中国及我在中国—爱尔兰文化交流中的个人经历》,《中爱关系:跨文化视角》,世界知识出版社2011年12月版

《城市与诗》,《文艺报》2012年1月6日第4版

《爱尔兰的传统与文学》,《云南日报》2012年7月6日第12版

《〈为芬尼根守灵〉印象点滴》,《文艺报》2012年12月10日第5版/《社会科学报》2012年12月13日第8版

《甄嬛究竟念什么》,《中国社会科学报》2013年1月18日B4版

《希尼在中国》,《文艺报》2013年9月8日第3版

《疑义相与析——关于〈威廉斯诗选〉的编校问题》,《世界文学》2015年第4期

《杜诗的句法》,《中国社会科学报》2016年11月4日第8版

《在梵文的诗句上起舞》,《中国社会科学报》2017年3月17日第8版

《脱不尽的浪漫性:当代文学审美趣味管窥》,《山花》2018年第1期

《丢失的书画》,《文艺报》2018年4月18日第7版

《威廉·巴特勒·叶芝:我们是最后的浪漫主义者》,《文艺报》2019年3月11日第6版

《"藕然"写莲》,《文艺报》2020年3月16日第7版

《〈失群之鸟〉译序》,《山花》2020年第4期

其他

《叶芝笔下的个人情感》,普通高中课程标准实验教科书语文选修《外国诗歌散文欣赏》教师教学用书(北京:人民教育出版社,2005)

图书在版编目（CIP）数据

今夜中午：傅浩译文自选集/傅浩译著.--北京：中译出版社，2022.1（2022.12重印）
（我和我的翻译/罗选民主编）
ISBN 978-7-5001-6771-6

Ⅰ.①今… Ⅱ.①傅… Ⅲ.①世界文学—作品综合集 ②傅浩—译文—文集 Ⅳ.①I11

中国版本图书馆CIP数据核字(2021)第212384号

出版发行	中译出版社
地　　址	北京市西城区新街口外大街28号普天德胜大厦主楼4层
电　　话	（010）68359827，68359303（发行部）；68359725（编辑部）
传　　真	（010）68357870
邮　　编	100044
电子邮箱	book@ctph.com.cn
网　　址	http://www.ctph.com.cn

策划编辑	范祥镇　钱屹芝
责任编辑	范祥镇　王诗同
装帧设计	静　颐
排　　版	冯　兴

印　　刷	北京顶佳世纪印刷有限公司
经　　销	新华书店
规　　格	880毫米×1230毫米　1/32
印　　张	13.5
字　　数	225千字
版　　次	2022年1月第1版
印　　次	2022年12月第2次

ISBN 978-7-5001-6771-6　　　　定价：68.00元

版权所有　侵权必究
中 译 出 版 社